O MELHOR DO KARATÊ — 8

Gankaku, Jion

M. Nakayama

O MELHOR DO KARATÊ — 8

Gankaku, Jion

Tradução
EUCLIDES LUIZ CALLONI

EDITORA CULTRIX
São Paulo

Direitos de tradução para a língua portuguesa adquiridos com exclusividade pela EDITORA PENSAMENTO-CULTRIX LTDA, que se reserva a
propriedade literária desta tradução.
Rua Dr. Mário Vicente, 368 – 04270-000 – São Paulo, SP – Fone: (11) 2066-9000
E-mail: atendimento@editoracultrix.com.br
http://www.editoracultrix.com.br
Foi feito o depósito legal.

Impresso por : Graphium gráfica e editora

SUMÁRIO

Dedicado
ao meu mestre
GICHIN FUNAKOSHI

INTRODUÇÃO

A última década assistiu a uma crescente popularidade do karatê-dō em todo o mundo. Entre os que foram atraídos por ele encontram-se estudantes e professores universitários, artistas, homens de negócios e funcionários públicos. O karatê passou a ser praticado por policiais e por membros das Forças Armadas do Japão. Em muitas universidades, tornou-se disciplina obrigatória, e o número das que estão adotando essa medida cresce a cada ano.

Com o aumento da sua popularidade, têm surgido certas interpretações e atuações desastrosas e lamentáveis. Primeiro, o karatê foi confundido com o chamado boxe de estilo chinês, e sua relação com o *Te* de Okinawa, que lhe deu origem, não foi devidamente entendida. Há também pessoas que passaram a vê-lo como um mero espetáculo, no qual dois homens se atacam selvagemente, ou em que os competidores se golpeiam como se estivessem numa espécie de luta na qual são usados os pés, ou em que um homem se exibe quebrando tijolos ou outros objetos duros com a cabeça, com as mãos ou com os pés.

É lamentável que o karatê seja praticado apenas como uma técnica de luta. As técnicas básicas foram desenvolvidas e aperfeiçoadas através de longos anos de estudo e de prática; mas, para se fazer um uso eficaz dessas técnicas, é preciso reconhecer o aspecto espiritual dessa arte de defesa pessoal e dar-lhe a devida importância. É gratificante para mim constatar que existem aqueles que entendem isso, que sabem que o karatê-dō é uma verdadeira arte marcial do Oriente, e que treinam com a atitude apropriada.

Ser capaz de infligir danos devastadores no adversário com um soco ou com um único chute tem sido, de fato, o objetivo dessa antiga arte marcial de origem okinawana. Mas mesmo os praticantes de antigamente colocavam maior ênfase no aspecto espiritual da arte do que nas técnicas. Treinar significa treinar o corpo e o espírito e, acima de tudo, a pessoa deve tratar o adversário com cortesia e a devida etiqueta. Não basta lutar com toda a força pessoal; o verdadeiro objetivo do karatê-dō é lutar em nome da justiça.

Gichin Funakoshi, um grande mestre do karatê-dō, observou repetidas vezes que o propósito máximo da prática dessa arte é o cultivo de um espírito sublime, de um espírito de humildade. E, ao mesmo tempo, desenvolver uma força capaz de destruir um animal selvagem enfurecido com um único golpe. Só é possível tornar-se um verdadeiro adepto do karatê-dō quando se atinge a perfeição nesses dois aspectos: o espiritual e o físico.

O karatê como arte de defesa pessoal e como meio de melhorar e manter a saúde existe há muito tempo. Nos últimos vinte anos uma nova atividade ligada a essa arte marcial está sendo cultivada com êxito: o *karatê como esporte*.

No karatê como esporte são realizadas competições com o propósito de determinar a habilidade dos participantes. Isso precisa ser enfatizado, porque também aqui há motivos para se lastimar. Há uma tendência a pôr demasiada ênfase no fato de vencer as competições, negligenciando a prática de técnicas fundamentais, preferindo em vez disso praticar o jiyū kumite na primeira oportunidade.

A ênfase no fato de vencer as competições não pode deixar de alterar as técnicas fundamentais que a pessoa usa e a prática na qual ela se envolve. E, como se isso não bastasse, o resultado será a incapacidade de se executar uma técnica poderosa e eficaz, que é, afinal, a característica peculiar do karatê-dō. O homem que começar a praticar prematuramente o jiyū kumite — sem ter praticado suficientemente as técnicas fundamentais — logo será surpreendido por um oponente que treinou as técnicas básicas longa e diligentemente. É simplesmente uma questão de comprovar o que afirma o velho ditado: a pressa é inimiga da perfeição. Não há outra maneira de aprender, a não ser praticando as técnicas e movimentos básicos, passo a passo, estágio por estágio.

Se é para realizar competições de karatê, que sejam organizadas em condições e no espírito adequado. O desejo de vencer uma disputa é contraproducente, uma vez que leva a uma falta de seriedade no aprendizado dos fundamentos. Além disso, ter como objetivo uma exibição selvagem de força e vigor numa disputa é algo totalmente indesejável. Quando isso acontece, a cortesia para com o adversário é esquecida e esta é de importância fundamental em qualquer modalidade do karatê. Acredito que essa questão merece muita reflexão e cuidado, tanto da parte dos instrutores como da parte dos estudantes.

Para explicar os numerosos e complexos movimentos do corpo, é meu desejo oferecer um livro inteiramente ilustrado, com um texto atualizado, baseado na experiência que adquiri com essa arte ao longo de um período de 46 anos. Esse desejo está sendo realizado com a publicação desta série, *O Melhor do Karatê*, em que meus primeiros escritos foram totalmente revistos com a ajuda e o estímulo de meus leitores. Esta nova série explica em detalhes o que é o karatê-dō, numa linguagem que, se espera, seja a mais simples possível, e espero sinceramente que seja de ajuda aos adeptos dessa arte. Espero também que os karatecas de muitos países consigam se entender melhor depois da leitura desta série de livros.

O QUE É O KARATÊ-DŌ

O objetivo principal do karatê-dō não é decidir quem é o vencedor e quem é o vencido. O karatê-dō é uma arte marcial para o desenvolvimento do caráter através do treinamento, para que o karateca possa superar quaisquer obstáculos, palpáveis ou não.

O karatê-dō é uma arte de defesa pessoal praticado de mãos vazias; nele braços e pernas são treinados sistematicamente e um inimigo, que ataque de surpresa, pode ser controlado por uma demonstração de força igual à que faz uso de armas.

A prática do karatê-dō faz com que a pessoa domine todos os movimentos do corpo, como flexões, saltos e balanço, aprendendo a movimentar os membros e o corpo para trás e para a frente, para a esquerda e para a direita, para cima e para baixo, de um modo livre e uniforme.

As técnicas do karatê-dō são bem controladas de acordo com a força de vontade do karateca e são dirigidas para o alvo de maneira precisa e espontânea.

A essência das técnicas do karatê-dō é o *kime*. O propósito do *kime* é fazer um ataque explosivo ao alvo usando a técnica apropriada e o máximo de força, no menor tempo possível. (Antigamente, usava-se a expressão *ikken hissatsu*, que significa "matar com um golpe", mas concluir disso que matar seja o objetivo dessa técnica é tão perigoso quanto incorreto. É preciso lembrar que o karateca de outrora podia praticar o *kime* diariamente e com uma seriedade absoluta usando o makiwara.)

O *kime* pode ser realizado por golpes, socos ou chutes, mas também pelo bloqueio. Uma técnica sem *kime* jamais pode ser considerada um verdadeiro karatê, por maior que seja a semelhança. A disputa não é uma exceção, embora seja contrário às regras estabelecer contato por causa do perigo envolvido.

Sun-dome significa interromper a técnica imediatamente antes de estabelecer contato com o alvo (um *sun* equivale a cerca de três centímetros). Mas excluir o *kime* de uma técnica descaracteriza o verdadeiro karatê, de modo que o problema é como conciliar a contradição entre *kime* e *sun-dome*. A resposta é a seguinte: determine o alvo levemente à frente do ponto vital do adversário. Ele pode então ser atingido de uma maneira controlada com o máximo de força, sem que haja contato.

O treino transforma as várias partes do corpo em armas, que podem ser usadas de modo livre e eficaz. A qualidade necessária para se conseguir isso é o autocontrole. Para tornar-se um vencedor, a pessoa antes precisa vencer a si mesma.

KATA

Os *kata* do karatê-dō são combinações lógicas de técnicas de bloqueio, soco, golpe e chute em seqüências predeterminadas. Cerca de cinqüenta kata, ou "exercícios formais", são praticados atualmente; alguns deles passaram de geração em geração, enquanto outros foram desenvolvidos bastante recentemente.

Os kata podem ser divididos em duas grandes categorias. Em uma delas se encontram os kata apropriados para o desenvolvimento físico, o fortalecimento dos ossos e músculos. Apesar de aparentemente simples, eles requerem tranqüilidade para serem executados e passam a impressão de força e dignidade quando praticados corretamente. Na outra categoria encontram-se os kata apropriados para o desenvolvimento de reflexos rápidos e da capacidade de se mover com agilidade. Os movimentos-relâmpago desses kata sugerem o vôo rápido da andorinha. Todos os kata requerem e ajudam a desenvolver ritmo e coordenação.

O treino nos kata tanto é espiritual quanto físico. Na execução dessas técnicas, o karateca deve mostrar coragem e confiança, mas também humildade, gentileza e um senso de decoro, integrando assim o corpo e a mente numa disciplina singular. Como Gichin Funakoshi lembrava freqüentemente a seus discípulos, "sem cortesia, o karatê-dō perde o seu espírito".

Uma expressão dessa cortesia é a inclinação da cabeça feita no início e ao término de cada luta. A postura é a *musubi-dachi* (postura informal de atenção), com os braços relaxados, as mãos tocando levemente as coxas e os olhos dirigidos diretamente para a frente.

Da reverência no início do kata, a pessoa passa ao *kamae* do primeiro movimento do kata. Essa é uma postura descontraída, em que a tensão, particularmente nos ombros e nos joelhos, deve ser eliminada e a respiração, deve fluir com facilidade. O centro da força e da concentração é o *tanden*, o centro de gravidade. Nessa posição, o karateca deve estar preparado para qualquer eventualidade e mostrar-se cheio de espírito de luta.

O estado relaxado mas alerta também caracteriza a reverência ao término do kata e é chamado *zanshin*. No karatê-dō, como em outras artes marciais, levar o kata a uma conclusão perfeita é da maior importância.

Cada kata começa com uma técnica de bloqueio e consiste num número específico de movimentos a serem executados numa ordem predeterminada. Há uma variação na complexidade dos movimentos e no tempo necessário para concluí-los, mas cada movimento tem seu próprio significado e função, e nada nele é supérfluo. A atuação é feita ao longo da *embusen* (linha de atuação), cuja configuração é determinada para cada kata.

Ao executar um kata, o karateca deve imaginar-se cercado de adversários e estar preparado para executar técnicas de defesa e ataque em qualquer direção.

O domínio dos kata é um pré-requisito para que se passe pelos *kyū* e *dan*, conforme é mostrado a seguir:

8º *kyū*	Heian 1
7º *kyū*	Heian 2
6º *kyū*	Heian 3
5º *kyū*	Heian 4
4º *kyū*	Heian 5
3º *kyū*	Tekki 1
2º *kyū*	Outros kata que não sejam Heian nem Tekki
1º *kyū*	Outros que não sejam os acima
1º *dan*	Outros que não sejam os acima
2º *dan* e os *kyū acima*	Kata livres

Os kata livres podem ser escolhidos entre os Bassai, Kankū, Jitte, Hangetsu, Empi, Gankaku, Jion, Tekki, Nijūshihō, Gojūshihō, Unsu, Sōchin, Meikyō, Chintei, Wankan e outros.

Pontos Importantes

Como os efeitos da prática são cumulativos, pratique todos os dias, mesmo que seja por alguns minutos apenas. Ao executar um kata, mantenha-se calmo e nunca realize os movimentos com pressa. Isso significa estar sempre atento ao tempo correto de execução de cada movimento. Se um determinado kata se mostrar difícil, dê-lhe mais atenção e lembre-se sempre da relação entre a prática do kata e do kumite.

Os pontos específicos no desempenho são:

1. *Ordem correta*. O número e a seqüência dos movimentos são predeterminados. Todos têm de ser executados.

2. *Começo e término*. O kata tem de ser iniciado e concluído no mesmo ponto da *embusen*. Isso requer prática.

3. *Significado de cada movimento*. Cada movimento, de defesa ou ataque, tem de ser claramente entendido e plenamente expressado. Isso vale também para os kata na sua totalidade, pois cada um deles tem características próprias.

4. *Consciência do alvo*. O karateca tem de saber qual é o alvo e quando executar uma técnica.

5. *Ritmo e senso do momento oportuno*. O ritmo tem de ser apropriado a cada kata em particular e o corpo precisa estar flexível, nunca tenso demais.

Lembre-se dos três fatores do uso correto da força, da rapidez ou da lentidão na execução das técnicas e do estiramento e contração dos músculos.

6. *Respiração adequada.* A respiração deve ser alterada de acordo com a situação, mas basicamente deve-se inspirar ao fazer o bloqueio e expirar ao executar uma técnica de arremate, e inspirar e expirar ao executar técnicas sucessivas.

Com relação à respiração, há o *kiai,* que ocorre em meio ou ao término do kata, no momento da tensão máxima. A expiração muito intensa e a contração do abdômen podem dotar os músculos de uma força extra.

Padronização

Os kata básicos, Heian e Tekki, e os kata livres, de Bassai a Jion, são os kata essenciais do Shōtōkan. Em 1948, discípulos das universidades de Keio, Waseda e Takushoku tiveram um encontro com o Mestre Gichin Funakoshi na Universidade de Waseda. O objetivo desse encontro era chegar a uma visão comum que unificasse os kata, pois estes, no período subseqüente à guerra, estiveram sujeitos a variadas interpretações individuais e subjetivas. Os kata apresentados nesta série seguem os critérios estabelecidos naquela ocasião.

Ritmo

1
GANKAKU

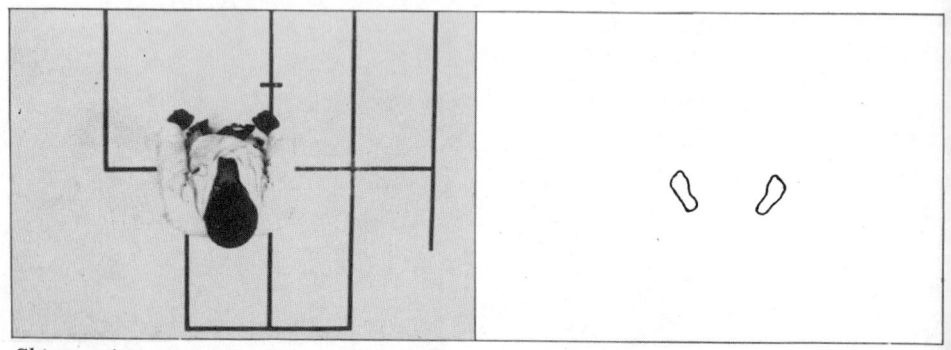

Shizen-tai

Bloqueio lateral ampliado do nível superior com ambas as mãos Usando a perna esquerda como pivô; gire os quadris para a direita, recuando o pé direito um passo.

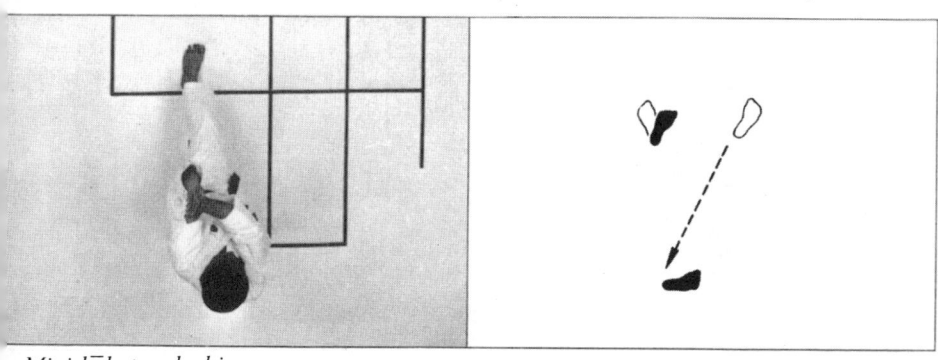

. *Migi kōkutsu-dachi*

Bloqueio do nível médio pressionando com ambas as mãos Posicionando as mãos conforme a foto; vire os pulsos na frente à direita, com a mão esquerda em cima.

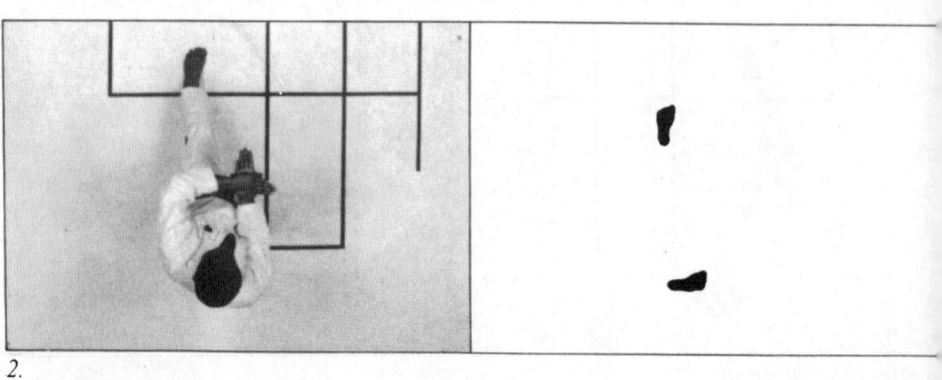

2.

3 *Hidari ken chūdan-zuki*

Soco no nível médio com o punho esquerdo

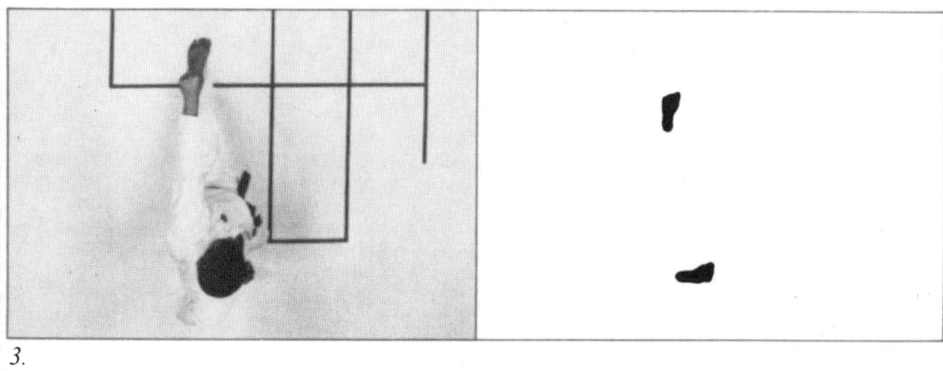

3.

4 Migi ken chūdan gyaku-zuki

Soco invertido no nível médio com o punho direito

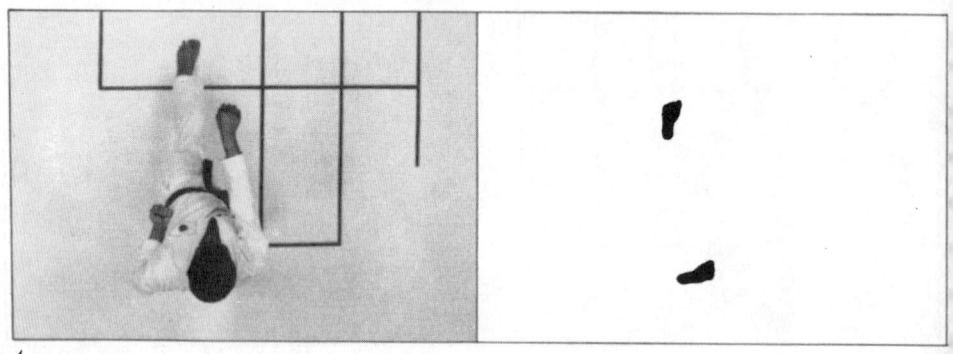

4.

Migi sokumen gedan-barai

Bloqueio para baixo e para a direita

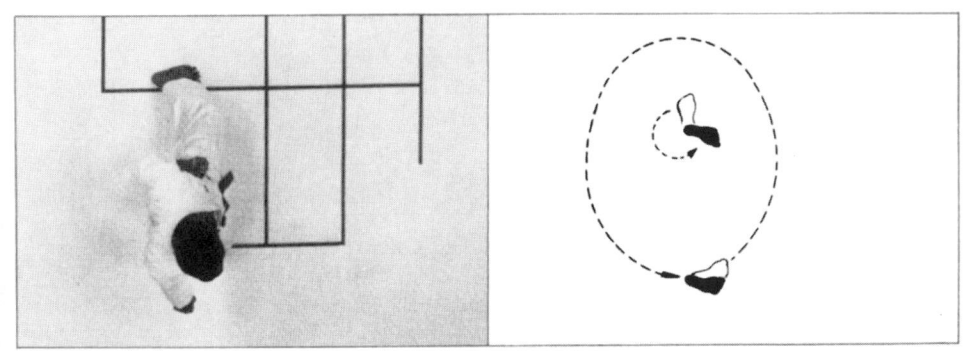

5. Kiba-dachi

Ryō shō jūji jōdan kōsa-uke

Bloqueio em X do nível superior com ambas as mãos

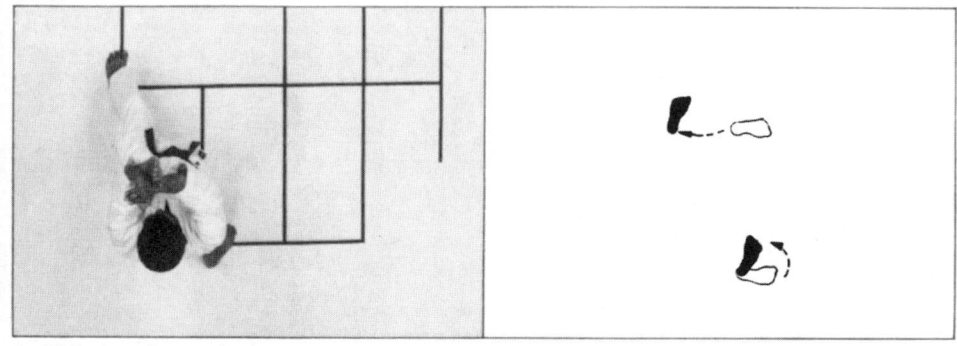

6. *Hidari zenkutsu-dachi*

Ryō shō nigiri mune mae jūji kamae

Kamae em X, de mãos fechadas, na frente do tórax Faça esse movimento lentamente, como se estivesse tensionando as laterais do tórax.

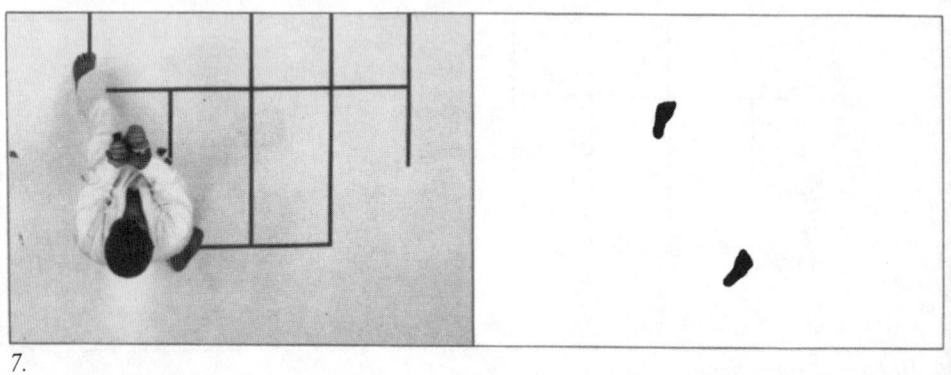

7.

Nidan-geri

Chute em dois níveis

8 b — Ryō ken jūji gedan kōsa-uke

Bloqueio em X do nível inferior com ambos os punhos

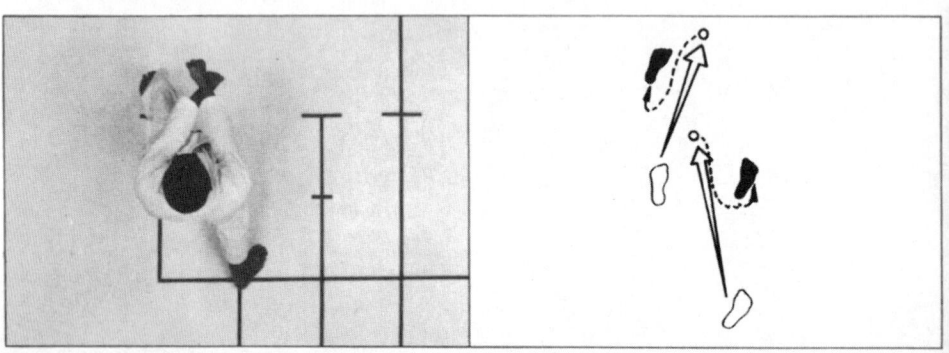

8b. Hidari zenkutsu-dachi

Bloqueio em X do nível inferior com ambos os punhos Mantendo os pulsos cruzados e a perna direita como pivô, gire os quadris para a direita.

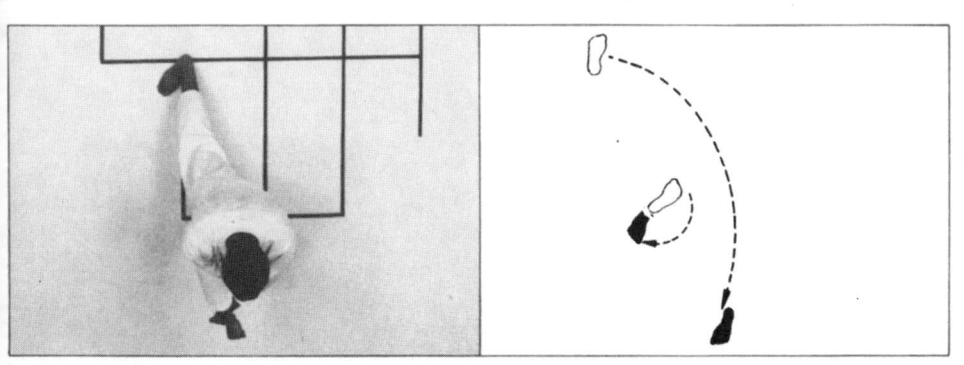

9. Hidari zenkutsu-dachi

10

Migi ken gedan uke
Hidari ken migi koshi mae kamae

Bloqueio do nível inferior com o punho direito/Kamae do punho esquerdo no lado direito A perna esquerda é pivô; gire os quadris para a direita.

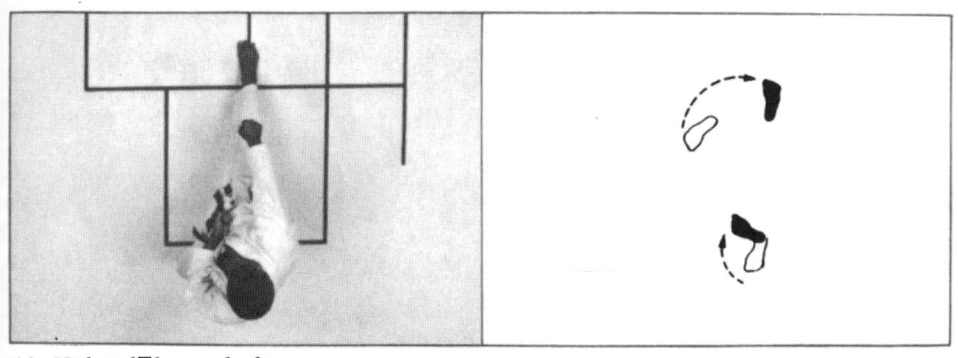

10. Hidari kōkutsu-dachi

11

Hidari shutō gedan uke
Migi shutō hidari koshi mae kamae

Bloqueio do nível inferior com a mão esquerda em espada/Kamae da mão direita em espada no lado esquerdo Execute o movimento lentamente.

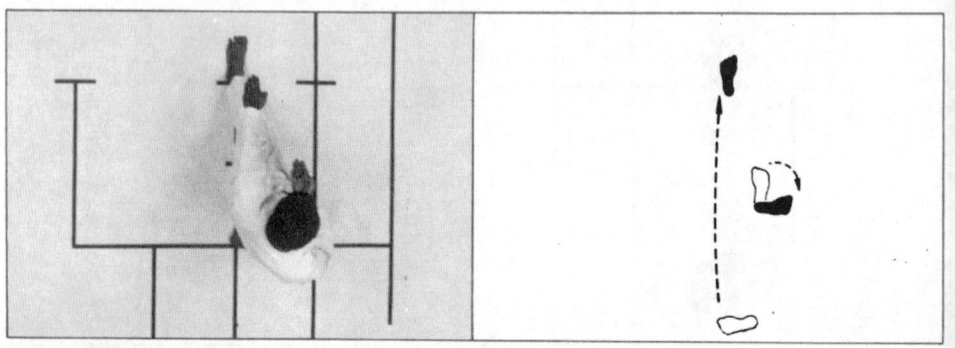

11. Migi kōkutsu-dachi

Bloqueio em cunha invertido, no nível médio, com ambas as mãos Dorsos de ambas as mãos voltados para trás. Gire os quadris para a direita.

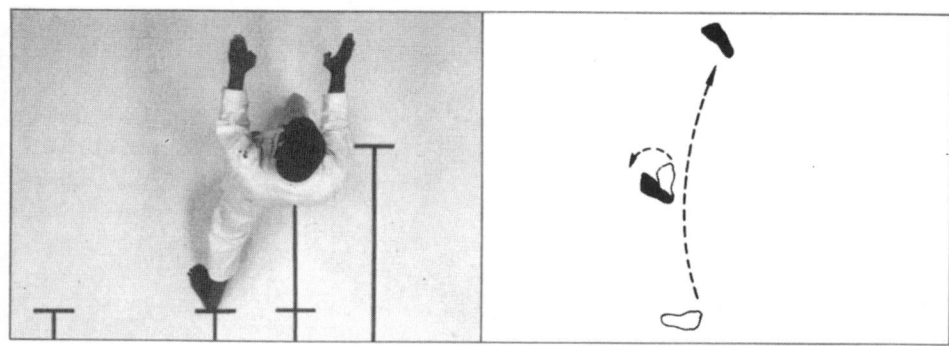

12. *Migi zenkutsu-dachi*

Bloqueio em cunha invertido, no nível médio com ambas as mãos Dorsos de ambas as mãos voltados para a frente.

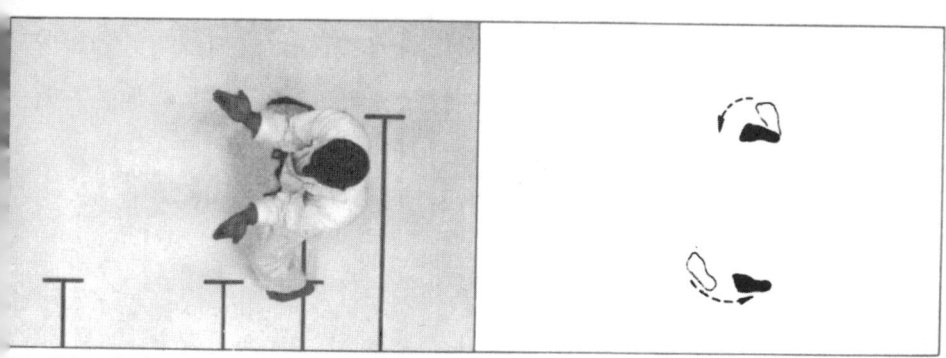

13. *Kiba-dachi*

Ryō te o kakiwake oroshi sahō o miru
Sono mama hiza o nobasu

Arremetida para baixo com ambas as mãos/Olhar para a esquerda Endireite os joelhos.

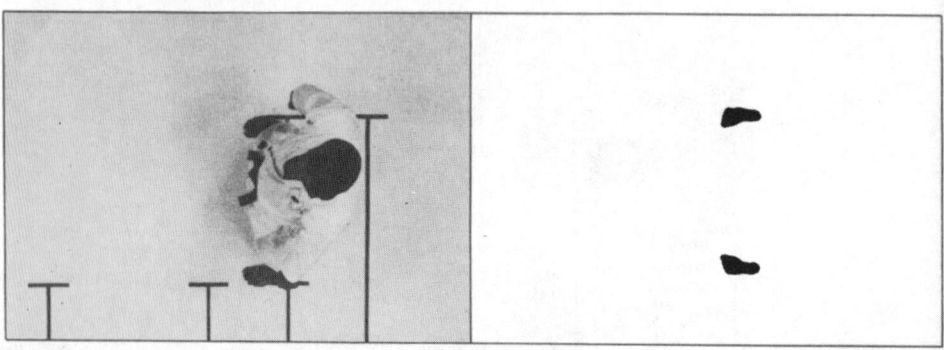

14.

15

Migi sokumen jōdan uchi uke
Hidari sokumen gedan uke

Bloqueio do nível superior, de dentro para fora, para a direita/Bloqueio do nível inferior para a esquerda Faça um movimento circular com a mão esquerda a partir da frente do ombro direito, e a mão direita a partir do cotovelo esquerdo.

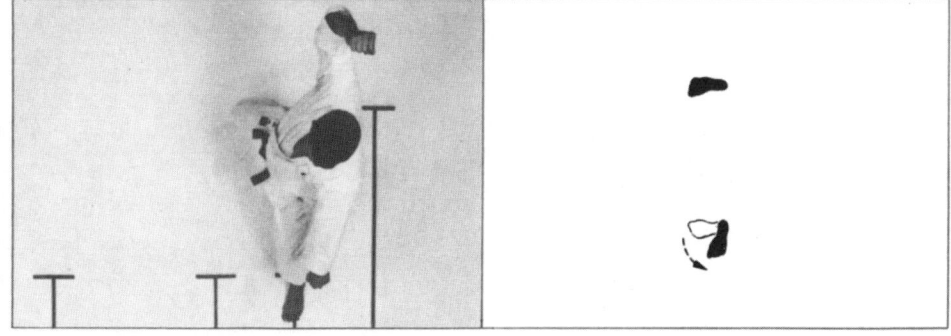

15. Migi kōkutsu-dachi

Hidari sokumen jōdan uchi uke
Migi sokumen gedan uke

Bloqueio do nível superior, de dentro para fora, para a esquerda/Bloqueio do nível inferior para a direita A perna esquerda é pivô; gire os quadris para a esquerda.

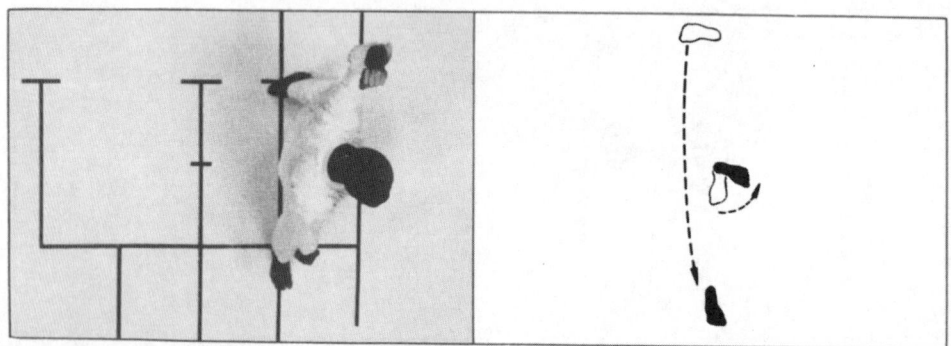

16. Hidari kōkutsu-dachi

Migi sokumen jōdan uchi uke
Hidari sokumen gedan uke

Bloqueio do nível superior, de dentro para fora, para a direita/Bloqueio do nível inferior para a esquerda A perna direita é pivô; gire os quadris para a esquerda.

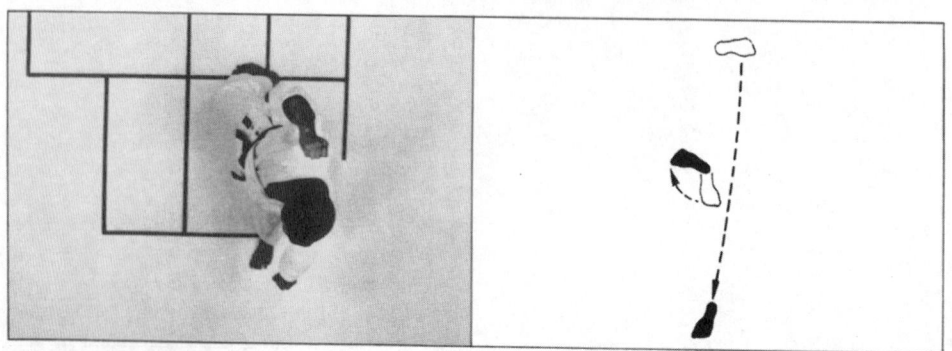

17. Migi kōkutsu-dachi

Ryō ken jūji gedan kōsa-uke

Bloqueio em X do nível inferior com ambas as mãos Mão direita em cima. Ajoelhe-se sobre o joelho direito; joelho esquerdo flexionado.

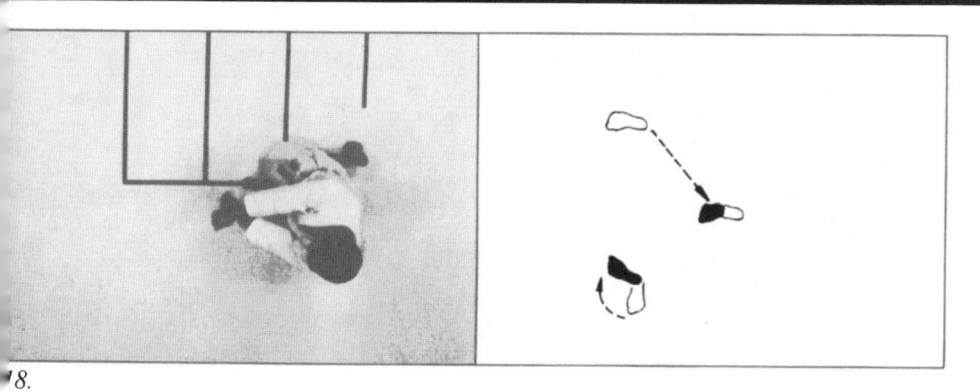

18.

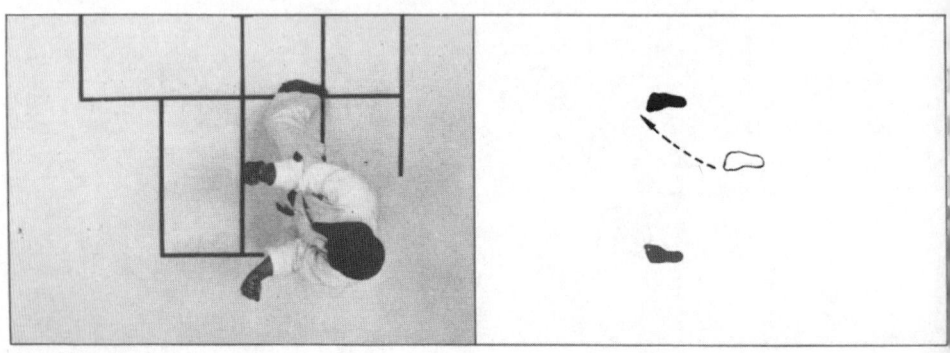

(Bloqueio) em cunha invertido do nível médio Dorsos dos punhos voltados para a frente. Efetue o movimento lentamente.

19. Kiba-dachi

Arremetida para baixo com ambos os punhos Calma e lentamente. Com
os pés no lugar, endireite os joelhos.

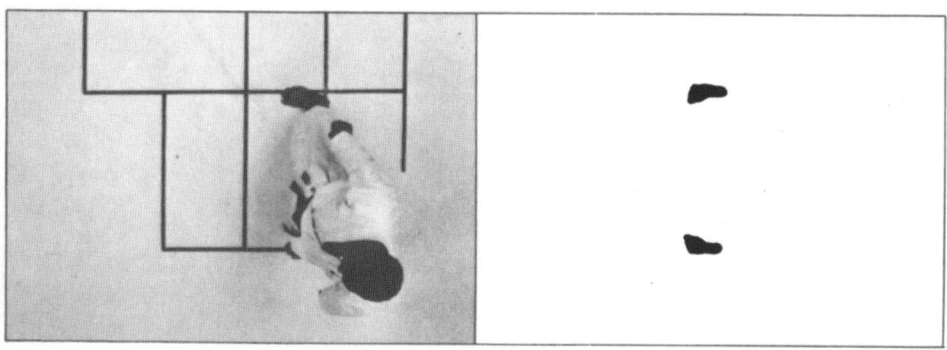

20.

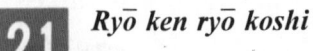

Ambos os punhos nas laterais do corpo Afaste os cotovelos do tronco.

21.

Golpe com o cotovelo direito Flexione o joelho esquerdo; estique o joelho direito.

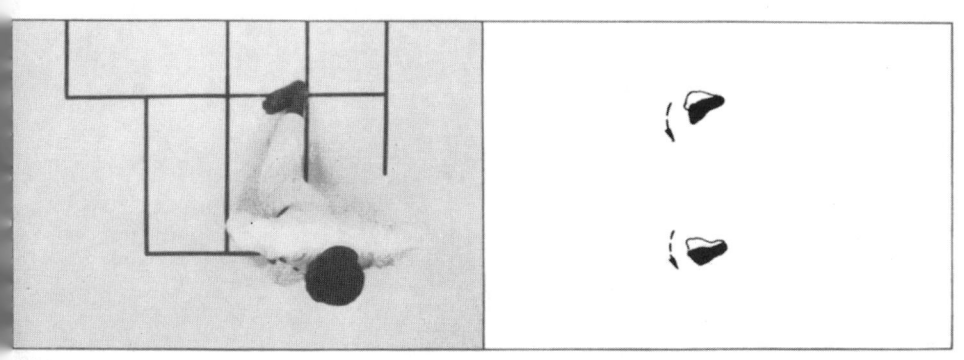

22.

Golpe com o cotovelo esquerdo Flexione o joelho direito; estique o joelho esquerdo.

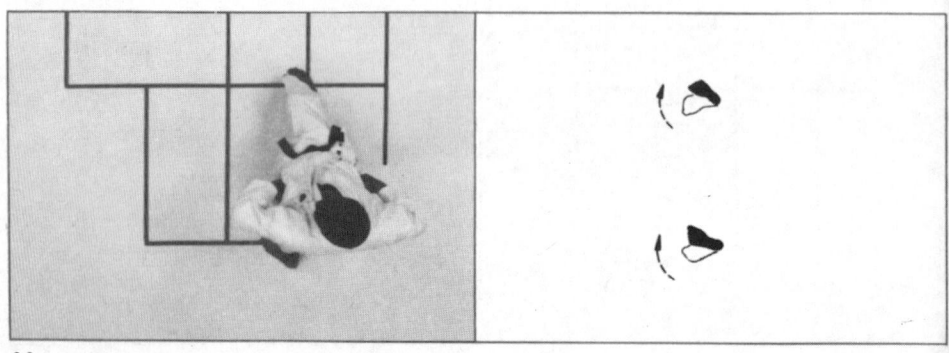

23.

Bloqueio em cunha invertido do nível médio Dorsos dos punhos para a frente. Cruze a perna esquerda atrás do calcanhar direito.

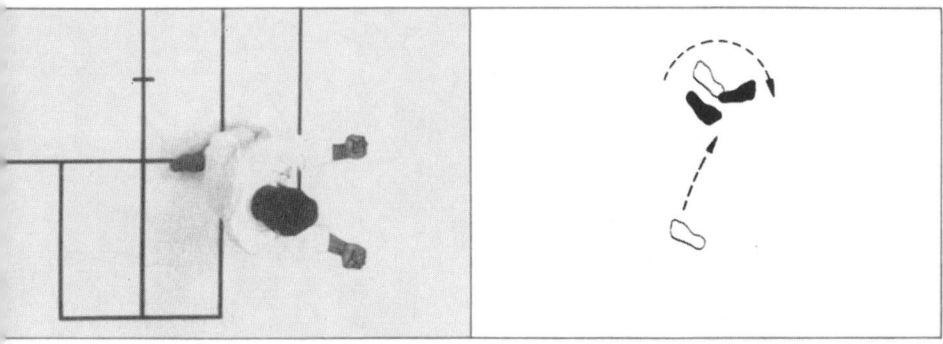

24. *Kōsa-dachi*

Migi sokumen jōdan uchi uke kamae
Hidari sokumen gedan-gamae

Kamae de bloqueio do nível superior, de dentro para fora, para a direita/Kamae do nível inferior para a esquerda Eleve gradualmente os quadris e aplique força.

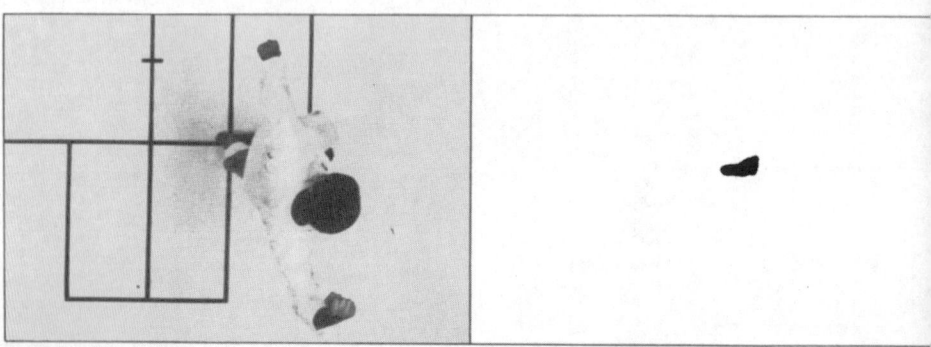

25. *Migi ashi-dachi*

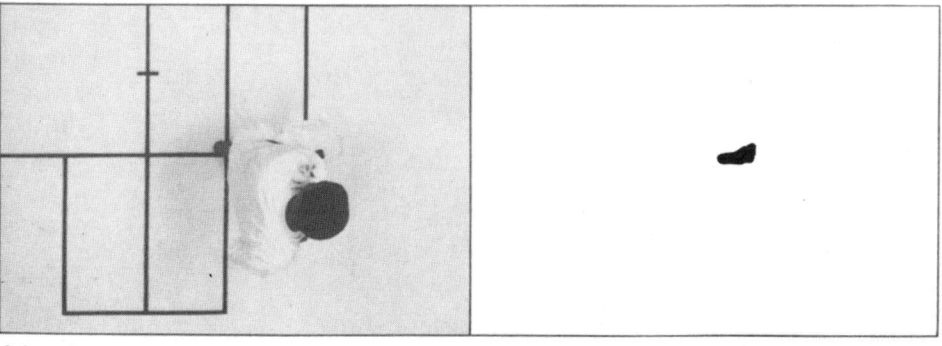

Kamae de ambos os punhos à direita Retire instantaneamente a força.

26.

27 *Hidari uraken jōdan yoko mawashi-uchi*
Hidari sokutō chūdan yoko keage

Golpe horizontal no nível superior com o dorso do punho esquerdo/Chute explosivo lateral no nível médio com o pé esquerdo em espada

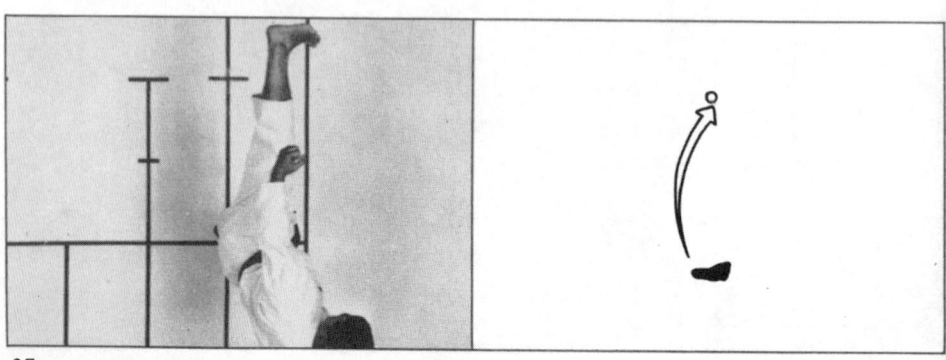

27.

Soco de estocada no nível médio com o punho direito

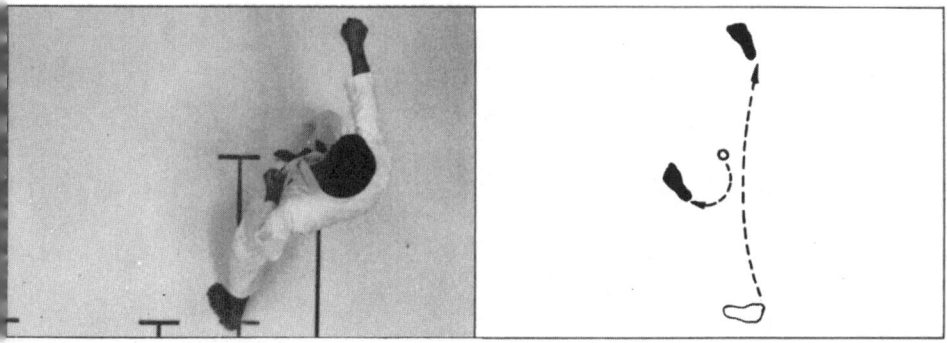

28. Migi zenkutsu-dachi

29 *Hidari sokumen jōdan uke kamae*
Migi sokumen gedan-gamae

Kamae de bloqueio do nível superior para a esquerda/Kamae do inferior para a direita Pé direito para trás do joelho esquerdo. Eleve os quadris e aplique força.

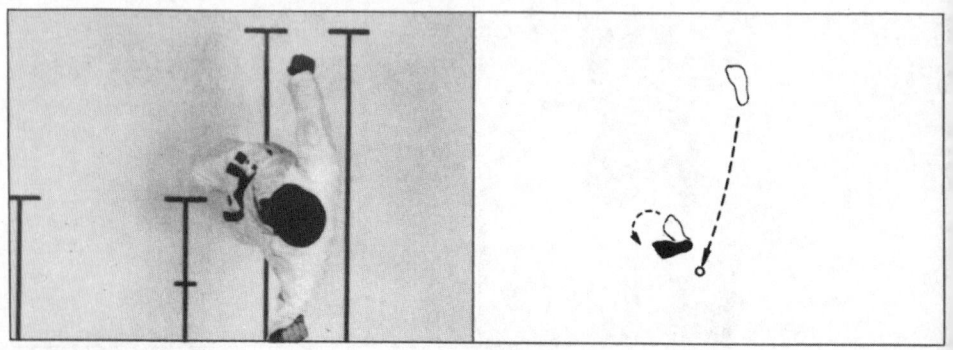

29. *Hidari ashi-dachi*

Ryō ken hidari koshi kamae

Kamae de ambos os punhos à esquerda Retire instantaneamente a força.

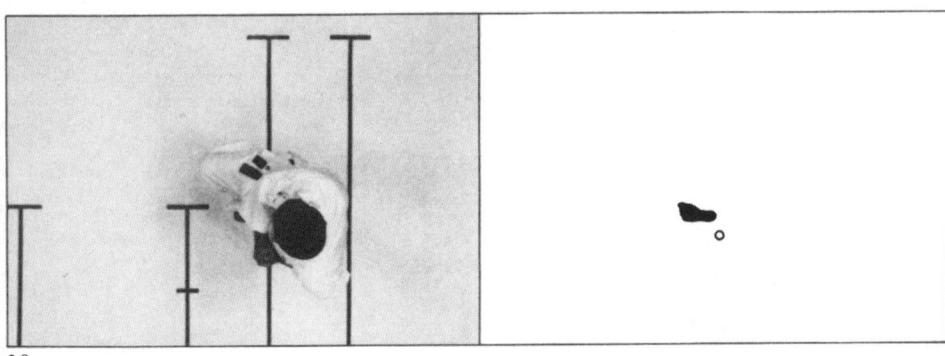

30.

31 *Migi uraken jōdan yoko mawashi-uchi*
Migi sokutō chūdan yoko keage

Golpe horizontal no nível superior com o dorso do punho direito/Chute
rápido lateral no nível médio com o pé direito em espada

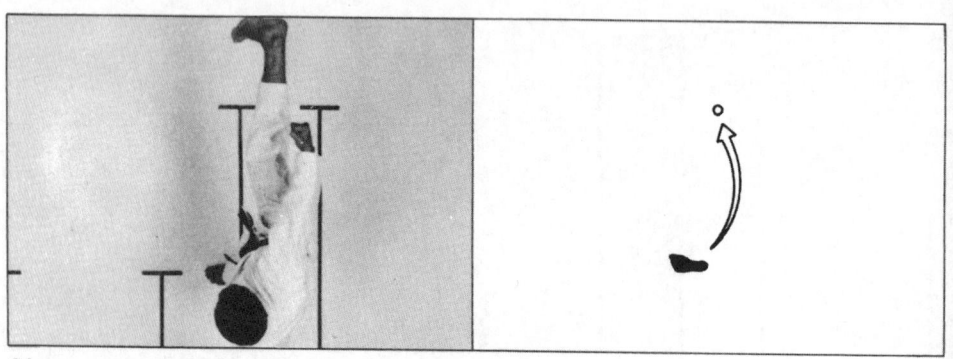

31.

Hidari ken migi sokumen chūdan-zuki
Migi ken migi koshi

*Soco para a direita no nível médio com o punho esquerdo/Punho direito
no lado direito*

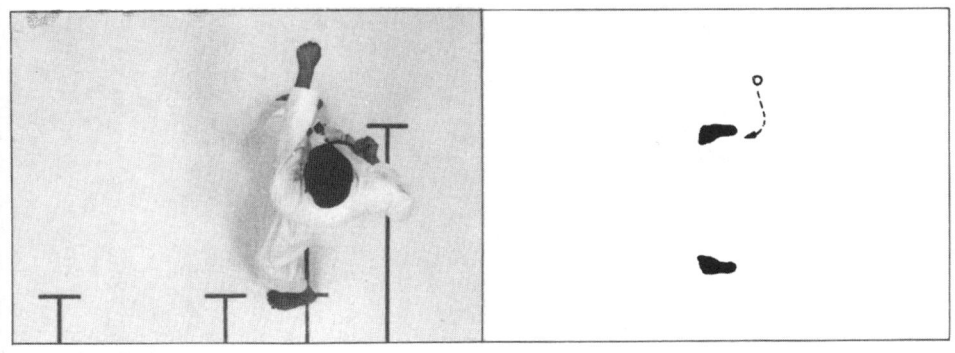

32. Kiba-dachi

Migi sokumen jōdan uchi uke kamae
Hidari sokumen gedan-gamae

Kamae de bloqueio no nível superior, de dentro para fora, para a direita/Kamae no nível inferior para a esquerda Pé esquerdo para trás do joelho direito.

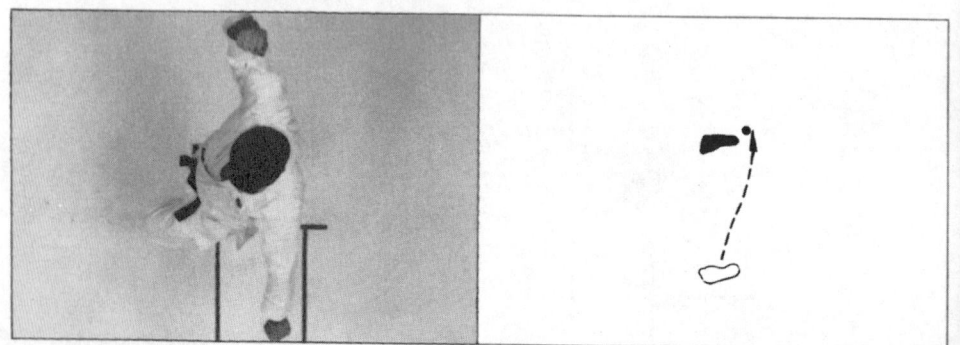

33. Migi ashi-dachi

Ryō ken migi koshi kamae

Kamae de ambos os punhos à direita

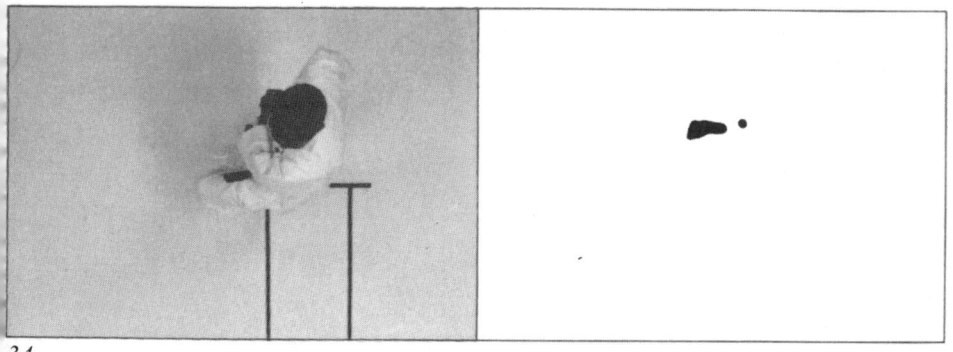

34.

Hidari uraken jōdan yoko mawashi-uchi
Hidari sokutō chūdan yoko keage

Golpe horizontal no nível superior com o dorso do punho esquerdo/Chute rápido lateral no nível médio com o pé esquerdo em espada

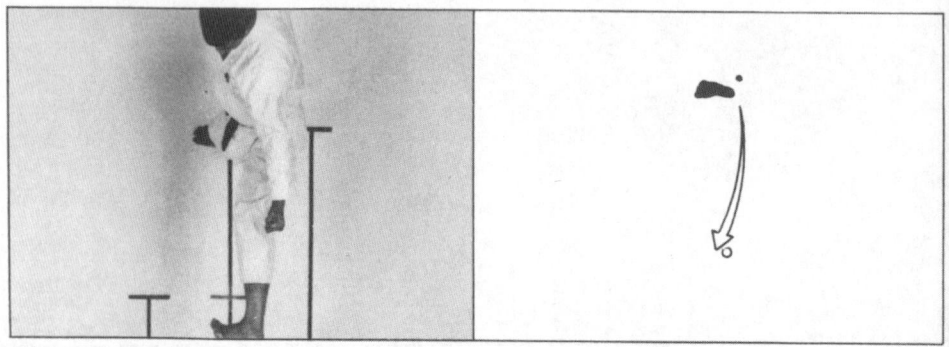

35.

Soco para a esquerda no nível médio com o punho direito

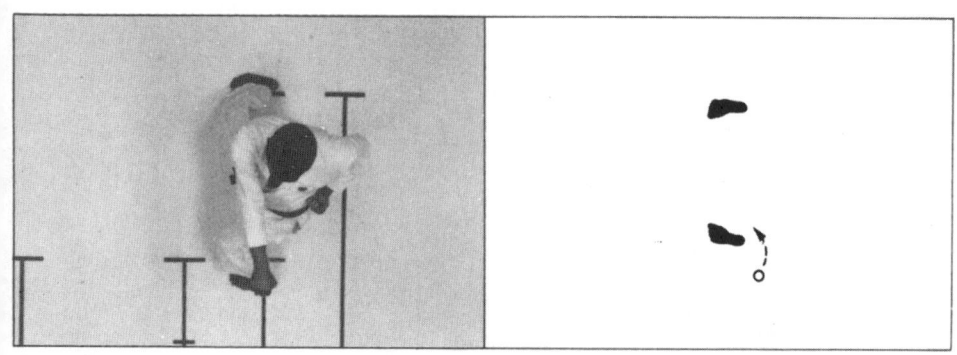

36. Kiba-dachi

37 *Migi shutō migi sokumen jōdan yoko uke*

Bloqueio lateral no nível superior para a direita com a mão direita em espada Simultaneamente, vire a cabeça para a direita.

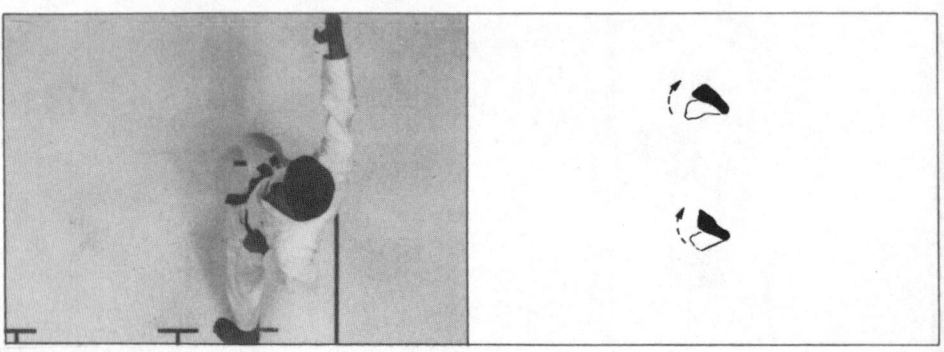

37.

Golpe para cima no nível superior esquerdo com o cotovelo Gire os quadris à direita assumindo a postura imóvel. Toque o punho direito com o cotovelo esquerdo.

38.

**Hidari shō hidari koshi
Migi ken hidari shō ni oshi-ateru**

Mão esquerda para o lado esquerdo/Pressione o punho direito contra a mão esquerda
Palma direita para dentro. Gire rapidamente os quadris para a esquerda.

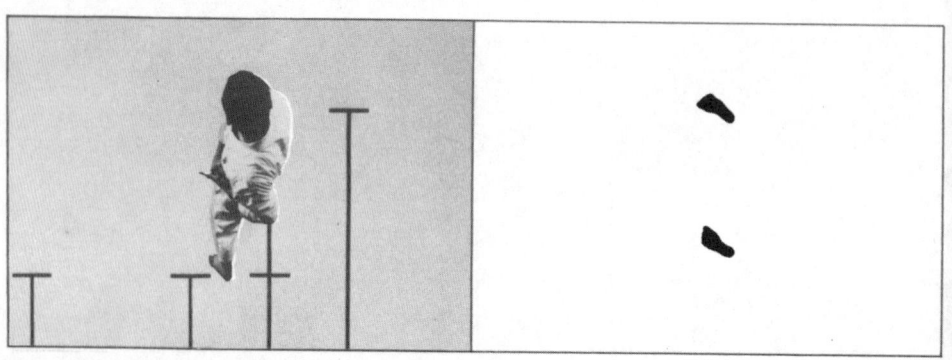

39.

40 *Ryō ken migi koshi kamae*
Hidari ken o migi ken ni kasaneru

Kamae de ambos os punhos para a direita/Punho esquerdo sobre punho direito Enquanto aproxima a base das palmas e vira os pulsos, gire as mãos acima da cabeça.

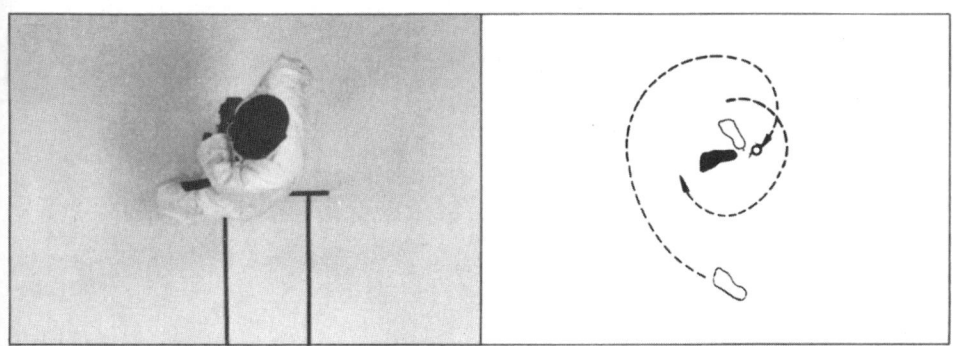

40. Migi ashi-dachi

41 *Hidari uraken jōdan yoko mawashi-uchi*
Hidari sokutō chūdan yoko keage

Golpe horizontal no nível superior com o dorso do punho esquerdo/Chute rápido lateral no nível médio com o pé esquerdo em espada

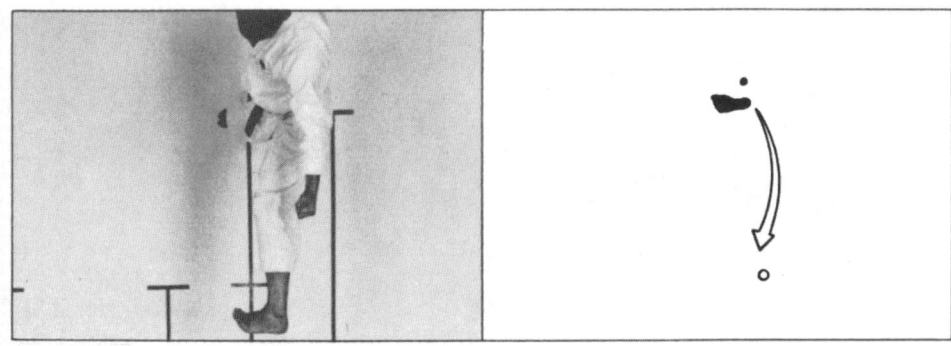

41.

42 Migi ken chūdan oi-zuki

Soco em estocada no nível médio com o punho direito

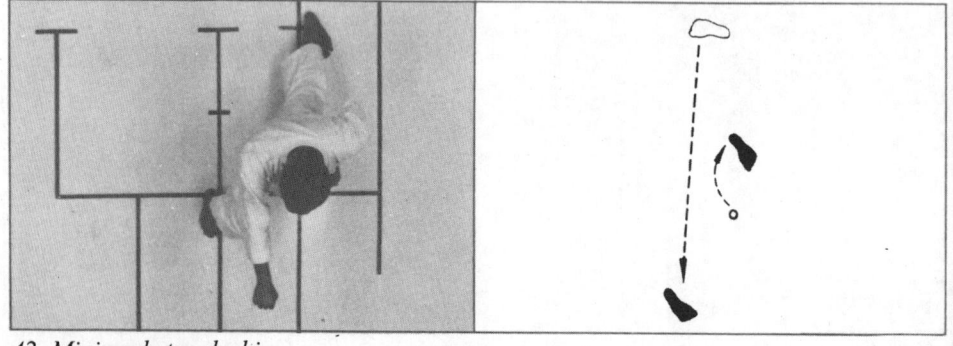

42. Migi zenkutsu-dachi

Naore

Com a perna direita como pivô, vire para a esquerda e recue a perna esquerda para retornar à posição de *yōi*.

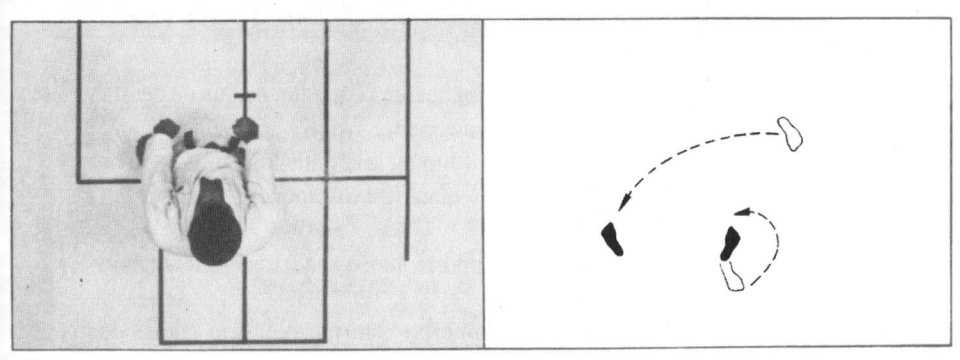

Shizen-tai

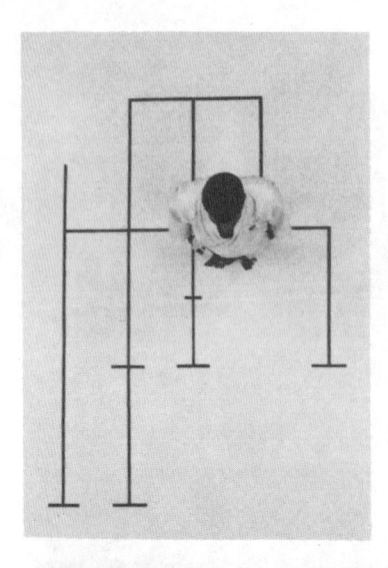

Este kata era chamado Chintō. Seu nome atual, "Garça sobre a Rocha", deriva das posturas muito semelhantes às assumidas pela garça que, apoiada numa só perna, sobre a rocha, está prestes a lançar-se sobre o inimigo. Nessa posição, o praticante deve ter a sensação de inibir e subjugar os movimentos do adversário.

Tendo o *yoko keage* como seu núcleo especial, esse kata não se compara a nenhum outro. Ele é apropriado para o praticante dominar o equilíbrio enquanto se põe sobre uma perna só e simultaneamente contra-ataca com o chute lateral e com o dorso do punho.

Quarenta e dois movimentos. Aproximadamente um minuto.

1

1. Movimentos 1-2: Esta seqüência é usada principalmente contra um ataque desferido pelo lado e que tem como alvo a cabeça. Simultaneamente, recue a perna direita, gire os quadris rapidamente para a direita e aplique o bloqueio ampliado com os dorsos de ambos os punhos na vertical. A rotação dos quadris e o bloqueio ocorrem em direções opostas.

Ao mover a mão direita para o lado esquerdo, empurre a mão esquerda — dorso com dorso com a mão direita — com vigor.

Depois de conter os ataques contínuos contra o corpo com um bloqueio lateral do nível superior, vire os pulsos e desfira socos para os lados.

2

3

4

2. Movimentos 3-4: Contra um golpe no nível médio, invada o campo interno do braço do oponente e, enquanto usa o cotovelo para um bloqueio deslizante (*suri-uke*), contra-ataque atingindo as laterais do corpo dele.

3. Movimento 5: Com a perna esquerda como pivô, vire para a esquerda. Ao mesmo tempo, gire o punho direito a partir de um ponto acima da cabeça e bloqueie para o nível inferior. Use a perna direita para desferir um forte chute triturador contra a canela ou contra a parte posterior da perna do oponente. Levante bem o joelho.

4. Movimento 6: No bloqueio ampliado do antebraço, execute o bloqueio ascendente descrevendo um arco com os braços, como se desferisse um soco direto ascendente.

5

6

7

5. Movimento 8: É válido prender a mão de ataque entre as mãos de bloqueio. Mas também é eficaz bloquear com o pulso esquerdo e atingir à canela do oponente com o punho direito ampliado.

6. Movimentos 12-13: No bloqueio em cunha invertido, encolha os ombros, cruze os pulsos e abra lentamente os braços para os lados.

7. Movimentos 22-23: Bloqueie afastando os cotovelos do corpo e girando rapidamente os quadris. É necessário ter a sensação de que se está bloqueando com a rotação do quadril.

8

9

8. Movimento 27: Ao golpear com o dorso do punho, use a perna esquerda para dar um chute explosivo lateral — dorso do punho na têmpora, pé em espada ao lado do corpo. O chute de estocada é mais eficaz quando a distância é maior; o chute explosivo, quando a distância é menor.

9. Movimentos 37-38: Depois do bloqueio do nível superior com a mão em espada, agarre o pulso do oponente e puxe-o para cima a fim de desequilibrá-lo; atinja o queixo do adversário com um golpe para cima com o cotovelo. É importante deslizar o pé para a frente antes de girar o quadril sobre o lado do cotovelo que golpeia.

10

10. Movimentos 39-40: Bloqueando um ataque ao rosto, agarre o pulso do oponente e puxe-o na direção do quadril esquerdo. Enquanto gira para a direita sobre a perna direita, desloque ambas as mãos desde acima da cabeça com a sensação de escorar alguma coisa e entre no campo interno do braço do oponente. Coordene o giro do corpo com o giro dos braços.

2

JION

Envolva o punho direito com a mão esquerda, leve as mãos à frente do queixo para *kamae*. Dorsos das mãos para fora.

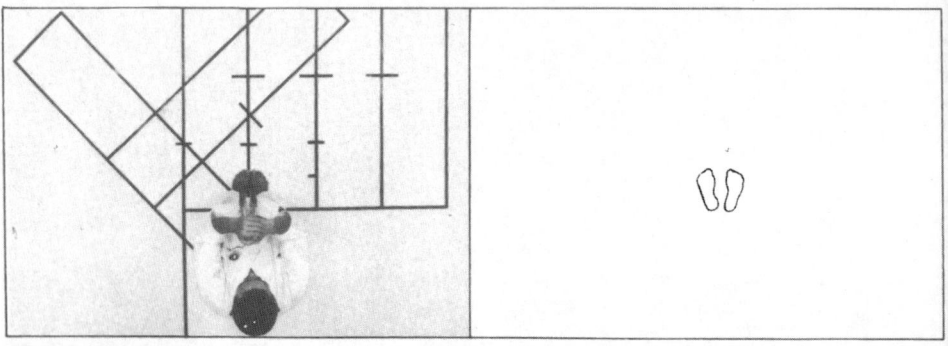

Heisoku-dachi

1 *Migi ken chūdan uchi uke*
Hidari ken gedan uke

Bloqueio do nível médio, de dentro para fora, com o punho direito/Bloqueio do nível inferior com o punho esquerdo Desloque rapidamente o punho direito de um ponto abaixo do cotovelo esquerdo e o punho esquerdo a partir do ombro direito.

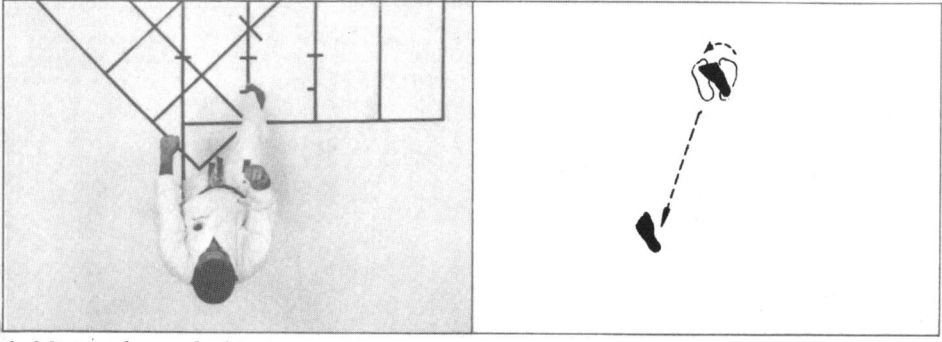

1. *Migi zenkutsu-dachi*

2 · *Ryō ken chūdan kakiwake*

(Bloqueio) em cunha invertido do nível médio Dorsos das mãos para fora, na diagonal. Mova a perna esquerda e as mãos lentamente, e ao mesmo tempo. Girando ambos os pulsos, cruze-os na frente do tórax.

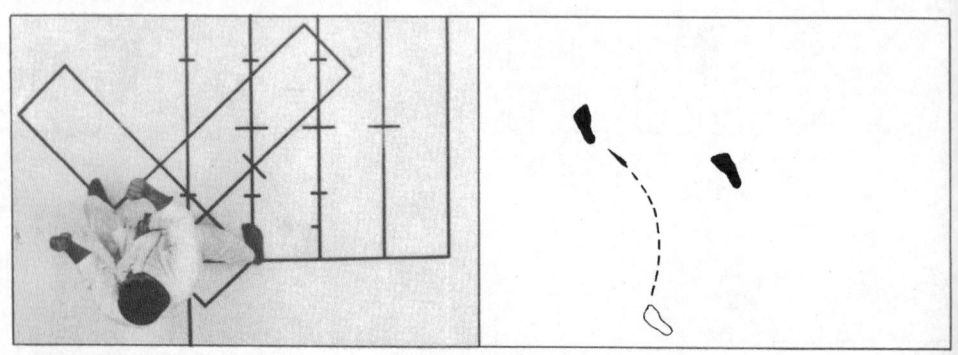

2. Hidari zenkutsu-dachi

Chute explosivo para a frente no nível médio com a perna direita Ao chutar, ão mude a posição dos cotovelos assumida no bloqueio em cunha invertido.

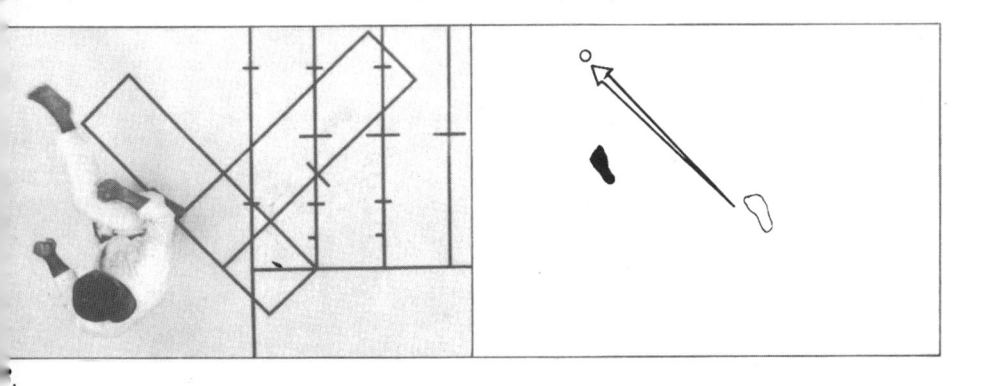

Migi chūdan oi-zuki
Hidari ken hidari koshi

Soco em estocada no nível médio com o punho direito/Punho esquerdo no lado esquerdo Dê um chute explosivo para a frente com a perna direita. Execute os movimentos 3 e 4 de um só fôlego.

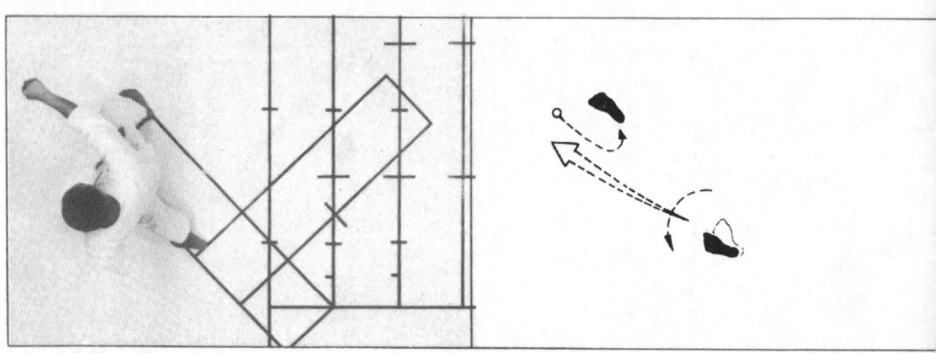

4. Migi zenkutsu-dachi

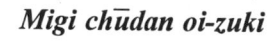

Hidari chūdan gyaku-zuki

Migi chūdan oi-zuki

Soco invertido no nível médio com o punho esquerdo

Soco em estocada no nível médio com o punho direito Execute os movimentos 5 e 6 de um só fôlego.

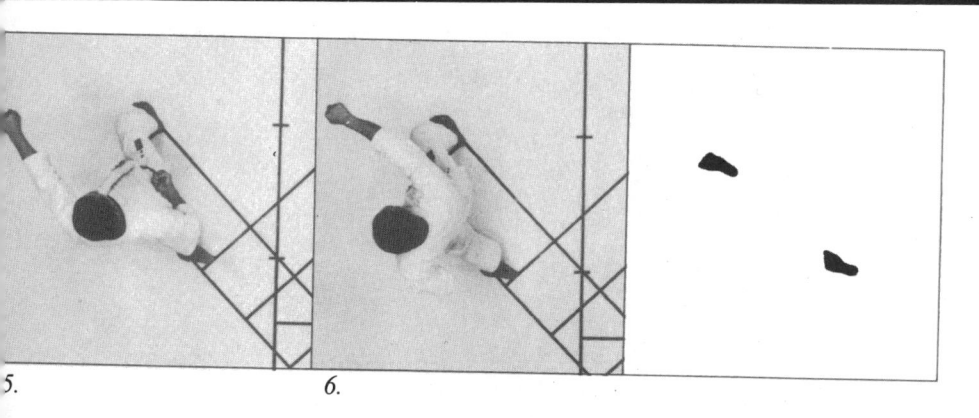

5.

6.

(Bloqueio) em cunha invertido do nível médio Use a perna esquerda como pivô. Mova as mãos e os pés lentamente.

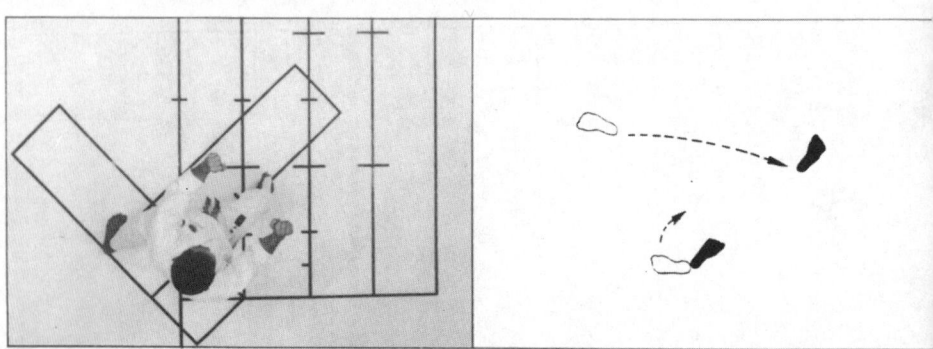

7. Migi zenkutsu-dachi

Chute para a frente no nível médio com a perna esquerda

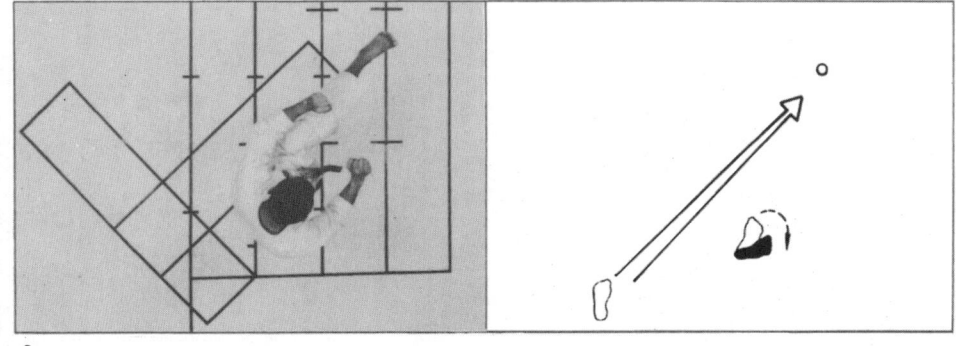

8.

Hidari chūdan oi-zuki

Soco de estocada no nível médio com o punho esquerdo Execute os movimentos 8 e 9 de um só fôlego.

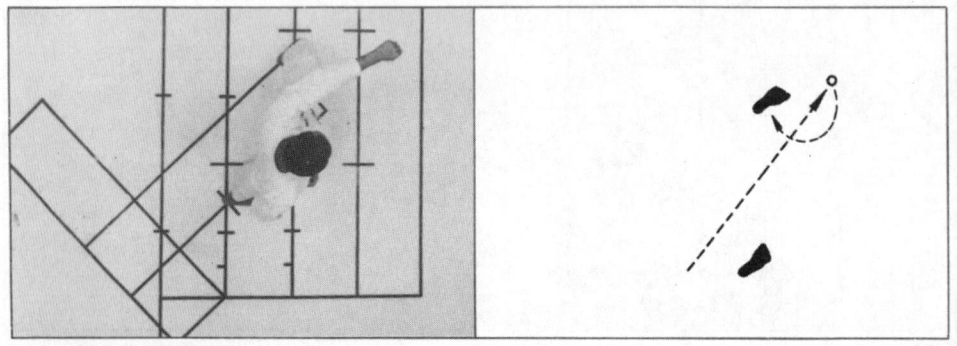

9. Hidari zenkutsu-dachi

10 *Migi chūdan gyaku-zuki*

Soco invertido no nível médio com o punho direito

11 *Hidari chūdan oi-zuki*

Soco de estocada no nível médio com o punho esquerdo Faça 10 e 11 de um só fôlego.

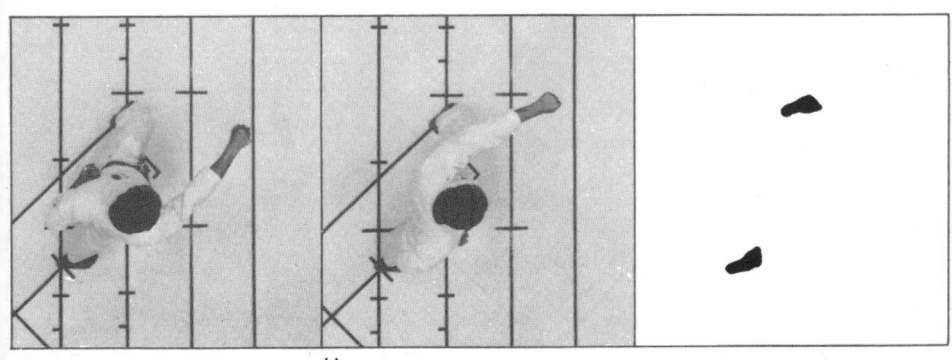

10.

11.

Bloqueio ascendente do nível superior com o braço esquerdo Eleve a mão direita até a frente da cabeça; em seguida, leve-a para junto do quadril direito.

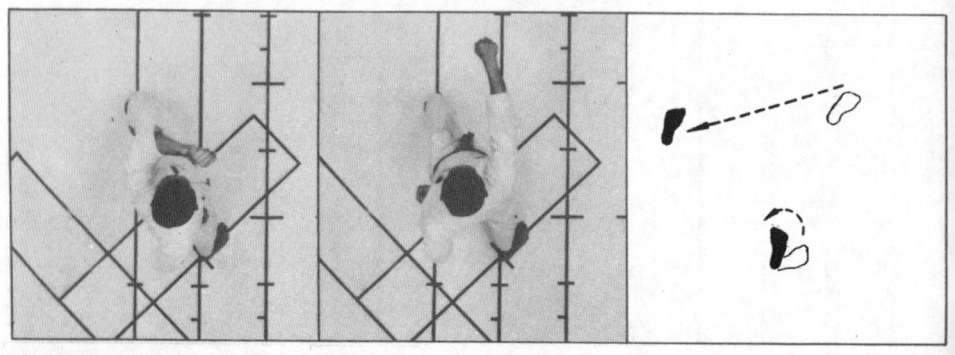

12. Hidari zenkutsu-dachi   13.

13 *Migi chūdan gyaku-zuki*

14 *Migi jōdan age-uke*

Soco invertido no nível médio com o punho direito

Bloqueio ascendente do nível superior com o braço direito

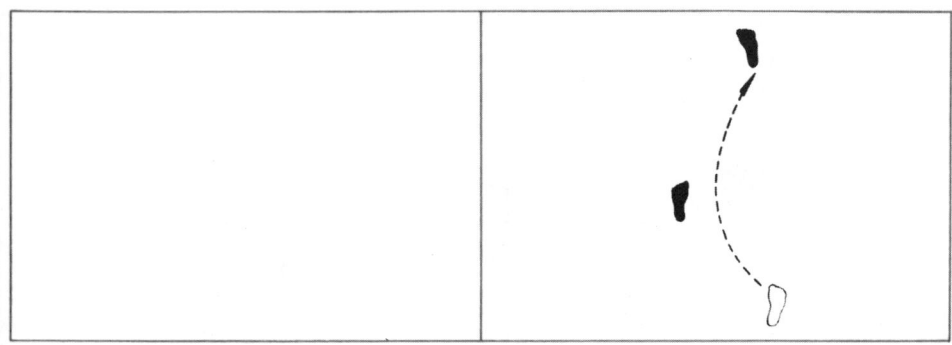

14. Migi zenkutsu-dachi

15 Hidari chūdan gyaku-zuki

Soco invertido no nível médio com o punho esquer

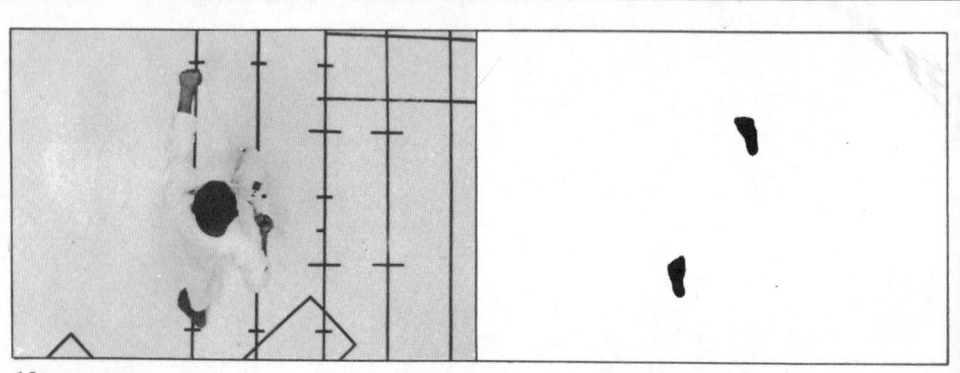

15.

16 *Hidari jōdan age-uke*

Bloqueio ascendente do nível superior com o braço esquerdo

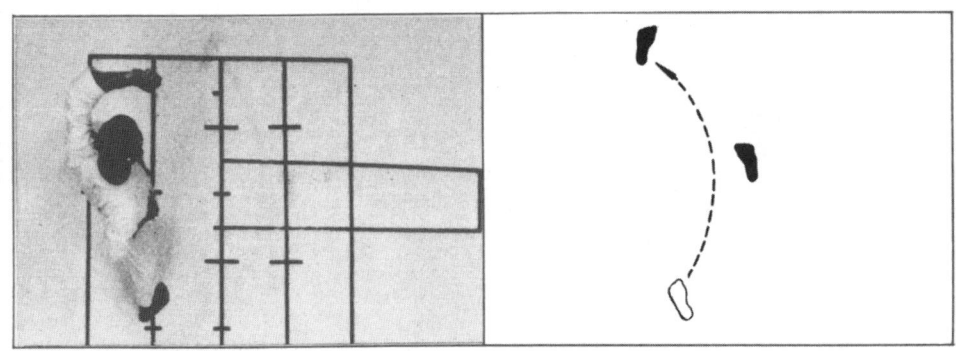

16. Hidari zenkutsu-dachi

17 *Migi chūdan oi-zuki*

Soco de estocada no nível médio com o punho direito

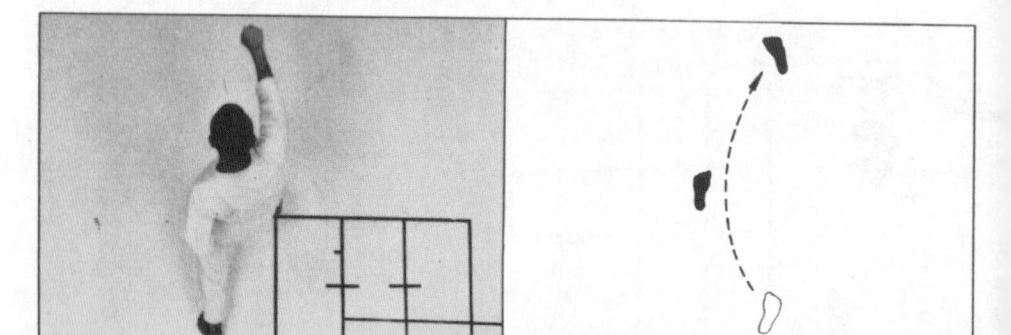

17. Migi zenkutsu-dachi

18 *Migi ken migi sokumen jōdan uchi uke*
Hidari ken hidari sokumen gedan uke

Bloqueio do nível superior para a direita, de dentro para fora, com o punho direito/Bloqueio do inferior para a esquerda com o esquerdo A perna direita é pivô;

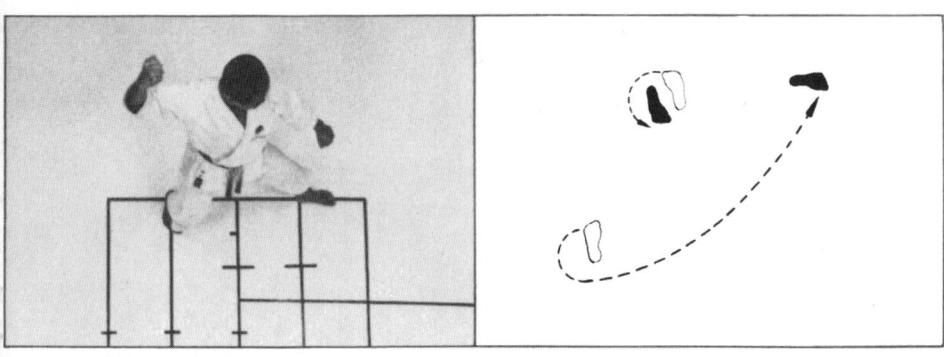

18. Migi kōkutsu-dachi

gire os quadris para a direita. Desloque a mão esquerda do ombro direito e a mão direita a partir de um ponto abaixo do cotovelo esquerdo, num movimento giratório.

Migi ken kagi-zuki
Hidari ken hidari koshi

Soco em gancho com o punho direito/Punho esquerdo no lado esquerdo Punho diante do tórax, dorso voltado para cima. *Yori-ashi* para assumir a postura.

19. Kiba-dachi

20

Hidari ken hidari sokumen jōdan uchi uke
Migi ken migi sokumen gedan uke

Bloqueio do nível superior para a esquerda, de dentro para fora, com o punho esquerdo/Bloqueio do nível inferior para a direita com o punho direito Vire a cabeça para a direita.

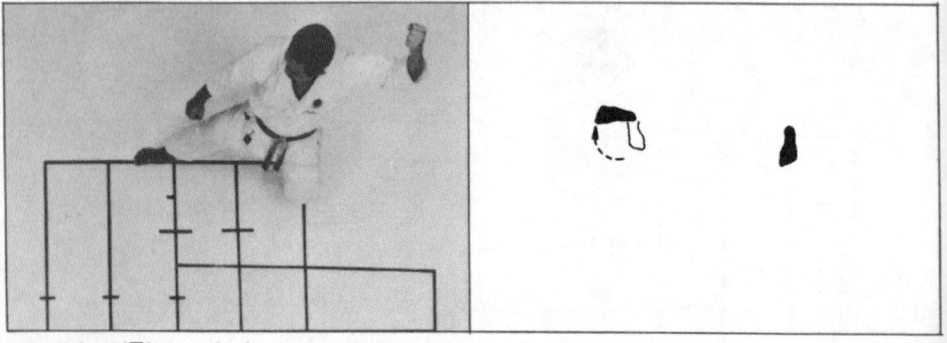

20. *Hidari kōkutsu-dachi*

Hidari ken kagi-zuki
Migi ken migi koshi

Soco em gancho com o punho esquerdo/Punho direito no lado direito
Punho esquerdo diante do tórax, dorso para cima. *Yori-ashi* para assumir
a postura do cavaleiro.

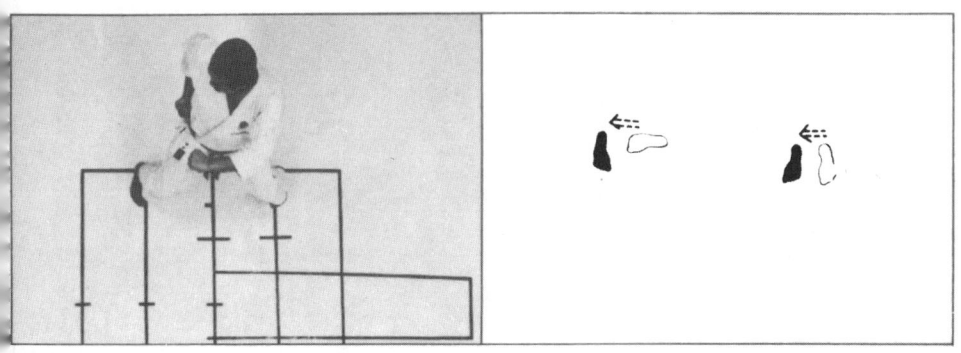

21. *Kiba-dachi*

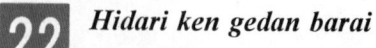

22 *Hidari ken gedan barai*

Bloqueio para baixo com o punho esquerdo

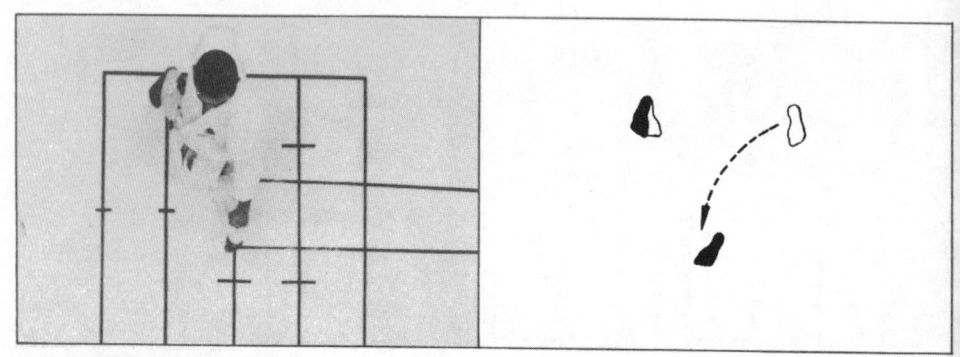

22. Hidari zenkutsu-dachi

Migi teishō migi sokumen chūdan yoko uke

Bloqueio do nível médio para a direita com a base da palma direita Dorso da mão direita para fora, pulso totalmente flexionado.

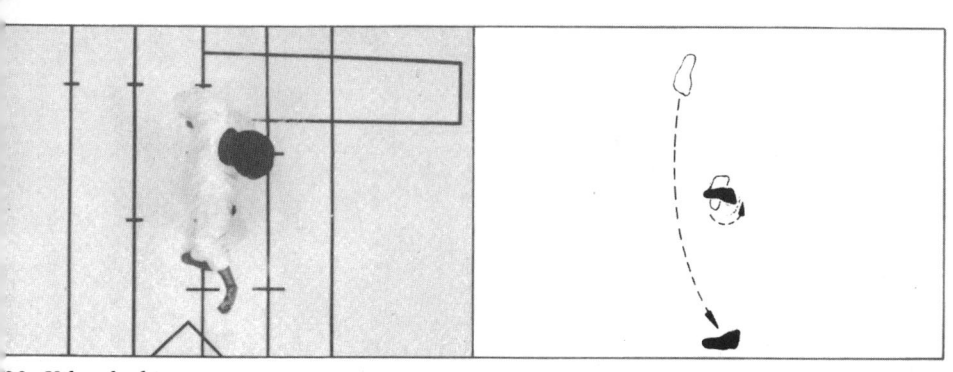

23. Kiba-dachi

Bloqueio do nível médio para a esquerda com a base da palma esquerda
A perna direita é pivô; gire os quadris para a direita.

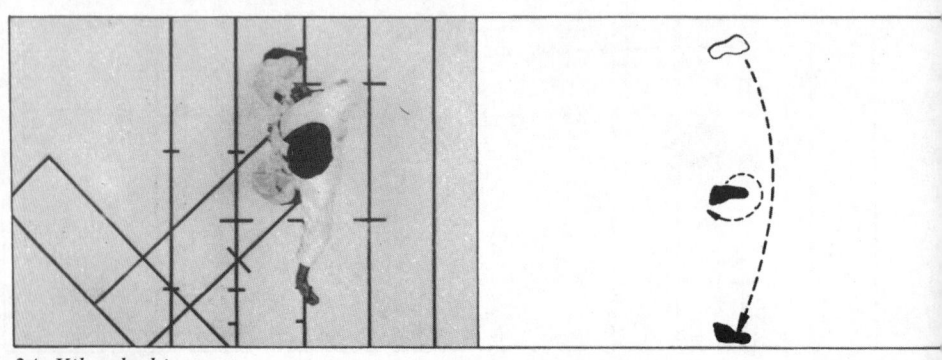

24. Kiba-dachi

Bloqueio do nível médio para a direita com a base da palma direita Gire os quadris para a esquerda.

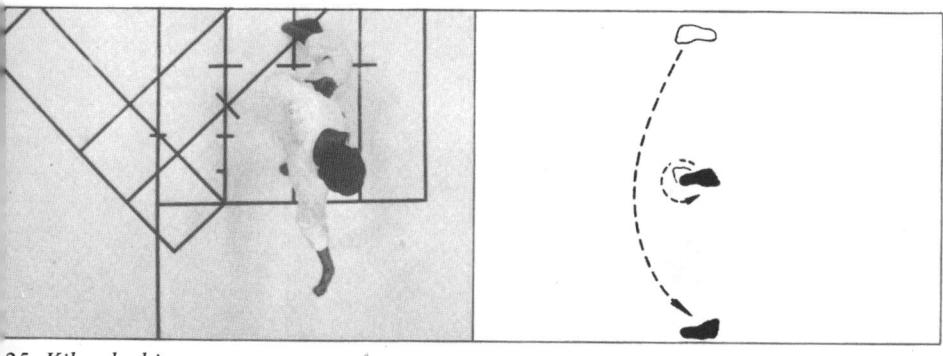

25. *Kiba-dachi*

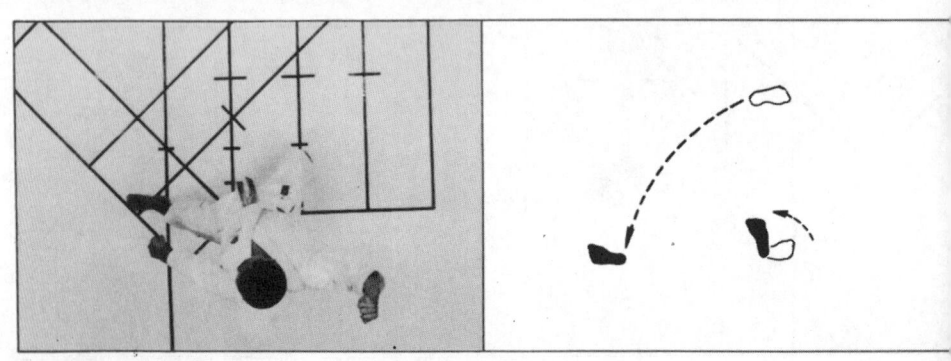

Bloqueio do nível superior para a direita, de dentro para fora, com o punho direi-to/Bloqueio do inferior para a esquerda com o esquerdo Cabeça para a esquerda.

26. *Migi kōkutsu-dachi*

Hidari ken hidari sokumen morote jōdan uchi uke
Migi ken hidari hiji mae-zoe

Bloqueio ampliado do nível superior para a esquerda, de dentro para fora, com o punho esquerdo/Punho direito na frente do cotovelo esquerdo

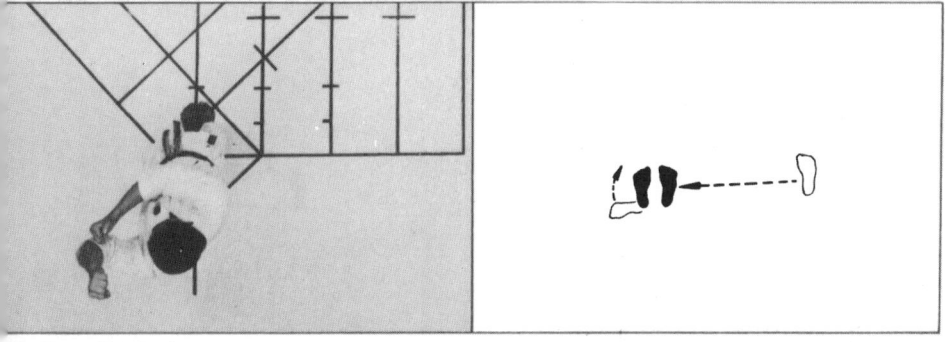

7. Heisoku-dachi

Hidari ken hidari sokumen jōdan uchi uke
Migi ken migi sokumen gedan uke

Bloqueio do nível superior para a esquerda, de dentro para fora, com o punho esquerdo/Bloqueio do nível inferior para a direita com o punho direito Vire a cabeça para a direita. Cruze as mãos.

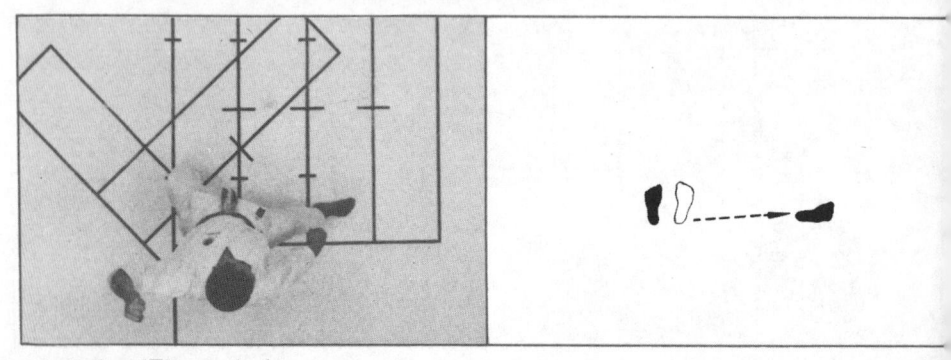

28. Hidari kōkutsu-dachi

Migi ken migi sokumen morote jōdan uchi uke
Hidari ken migi hiji mae-zoe

Bloqueio ampliado do nível superior para a direita, de dentro para fora,
com o punho direito/Punho esquerdo na frente do cotovelo direito

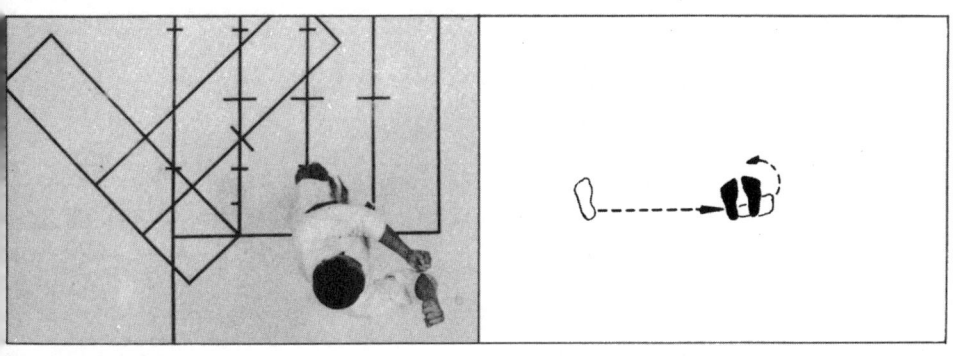

29. *Heisoku-dachi*

Arremeta os punhos para baixo e para os lados Enquanto vira a cabeça calmamente para a frente, lance as mãos para baixo lentamente; dorsos dos punhos para fora.

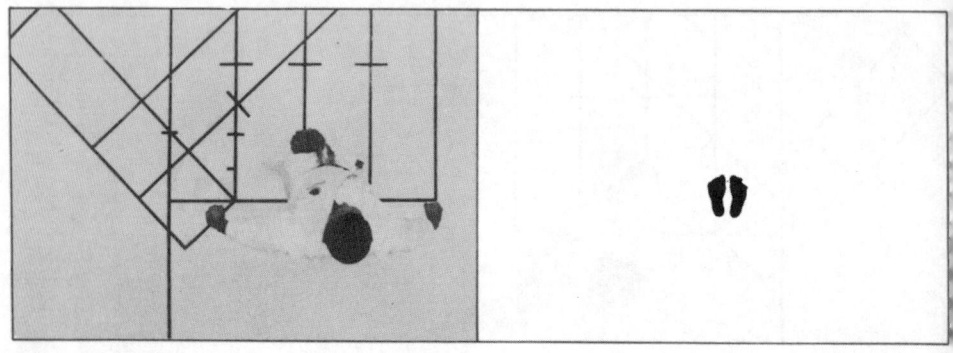

30.

Ryō ken gedan jūji uke

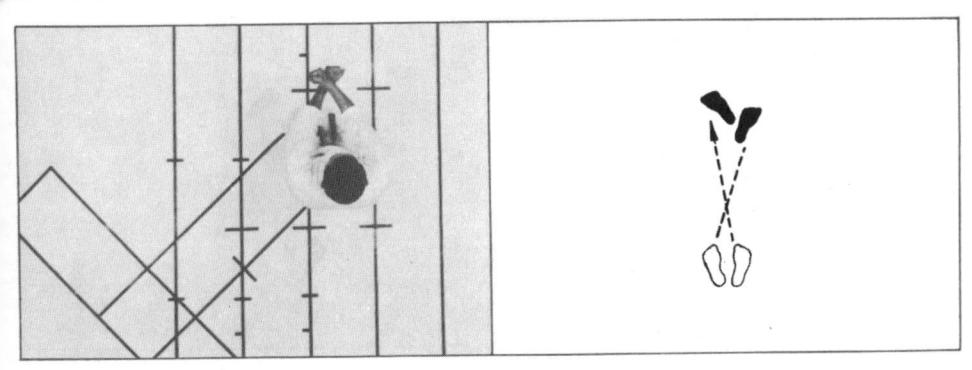

Bloqueio em X do nível inferior Salte à frente com o pé direito. Mão direita em cima para o bloqueio em X. Dorsos dos punhos para dentro.

31. Kōsa-dachi

(Bloqueio) em cunha invertido do nível inferior para os dois lados Dorsos
dos punhos para fora. Recue um passo com o pé esquerdo.

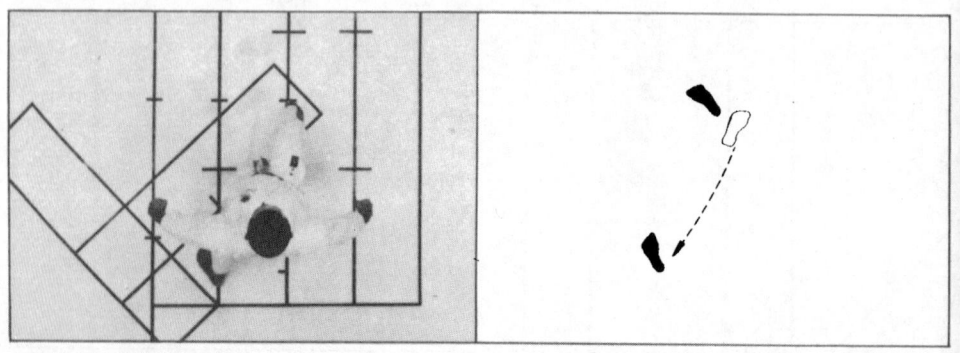

32. *Migi zenkutsu-dachi*

Bloqueio em cunha invertido do nível médio com ambos os punhos Começando com os pulsos diante do tórax, faça o movimento com o punho direito em cima.

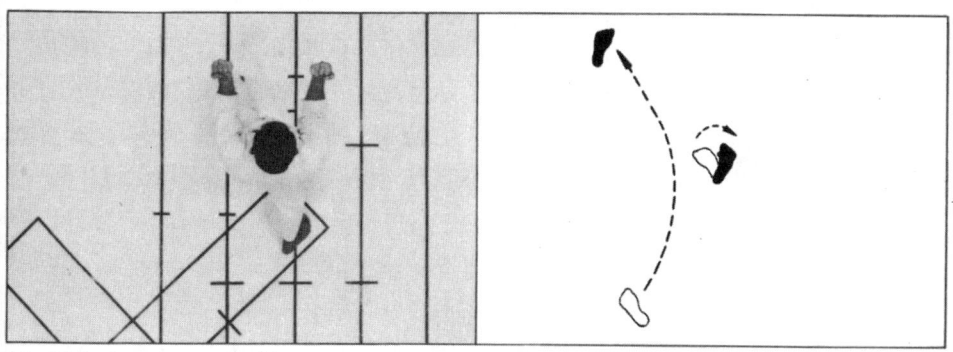

33. Hidari zenkutsu-dachi

34 *Ryō ken jōdan jūji uke*

Bloqueio em X do nível superior Pulso direito na frente.

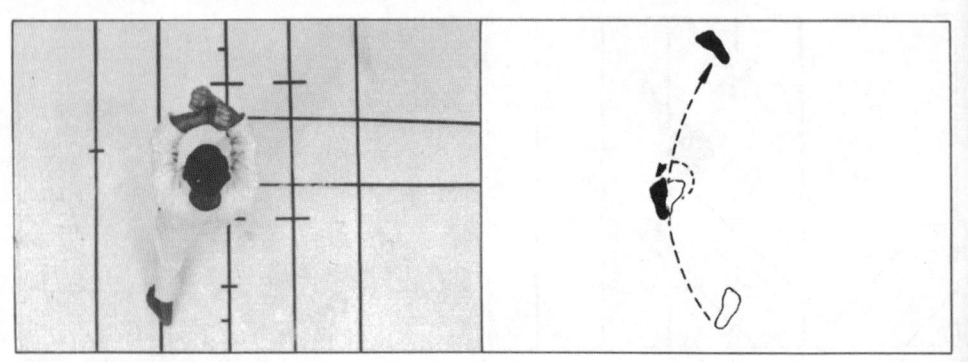

34. Migi zenkutsu-dachi

Migi uraken jōdan uchi
Hidari ken sono mama

Golpe no nível superior com o dorso do punho direito/Punho esquerdo como na foto

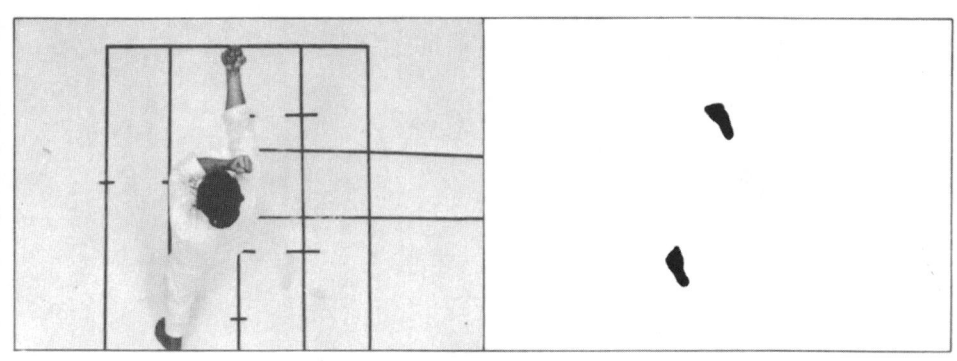

35.

***Hidari ken chūdan tsuki-uke
Migi ken migi kata ue kamae***

Bloqueio-soco com o punho esquerdo no nível médio/Kamae do punho direito acima do ombro direito Dorso do punho esquerdo para cima. Dorso do punho direito para fora.

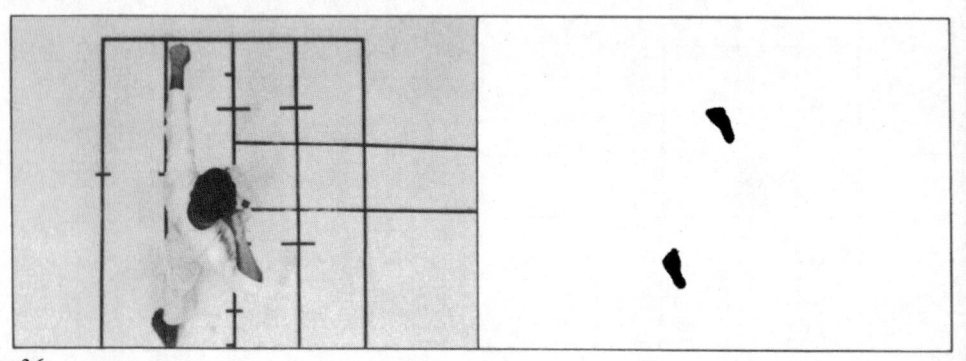

36.

37

Migi uraken jōdan ura-zuki
Hidari ude suigetsu mae kamae

Soco de perto no nível superior com o dorso do punho direito/Kamae do braço esquerdo na frente do tórax Dorso do punho direito para cima. Cotovelo direito tocando o pulso esquerdo.

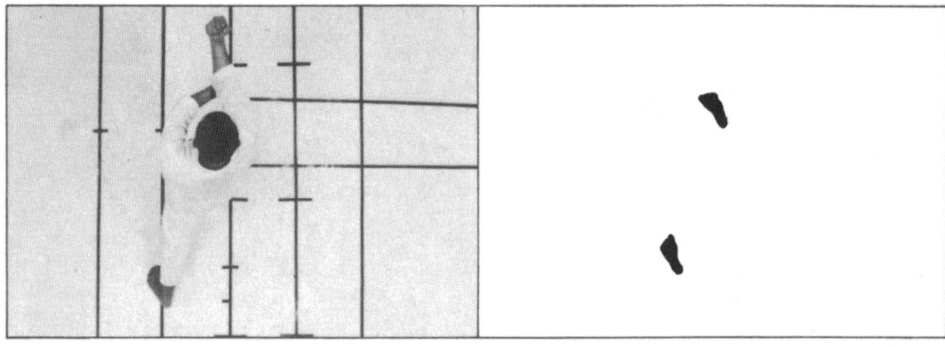

37.

Hidari ken chūdan uchi uke
Migi ken migi koshi

Bloqueio do nível médio, de dentro para fora, com o punho esquerdo/Punho direito no lado direito A perna direita é pivô; gire os quadris para a esquerda.

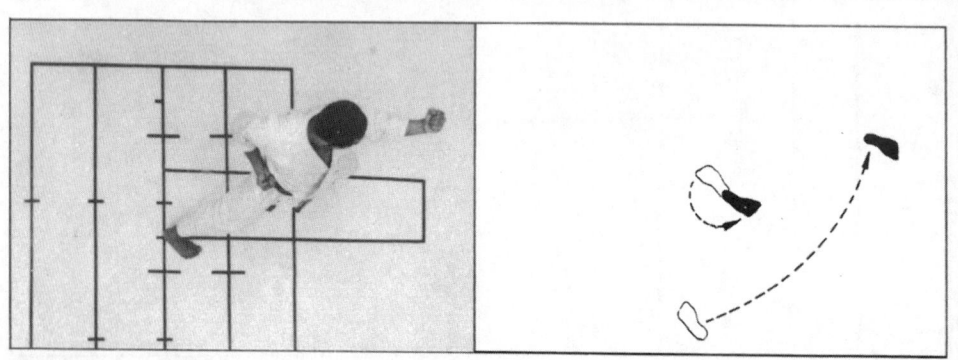

38. Hidari zenkutsu-dachi

Migi chūdan oi-zuki

Soco em estocada no nível médio com o punho direito

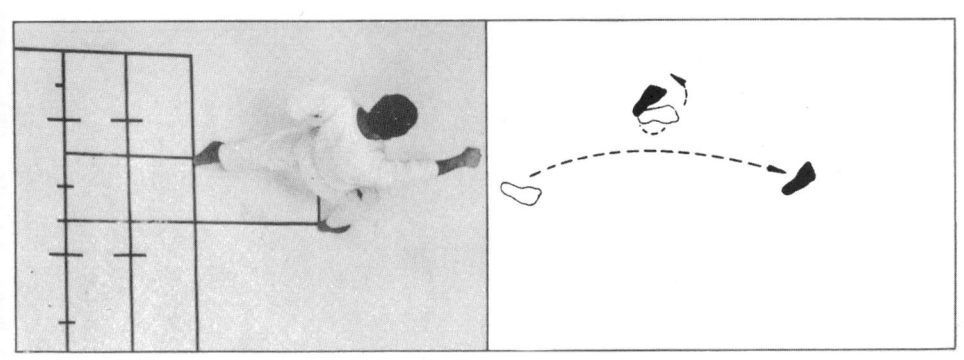

39. Migi zenkutsu-dachi

Bloqueio do nível médio, de dentro para fora, com o punho direito
A perna esquerda é pivô; gire os quadris para a direita.

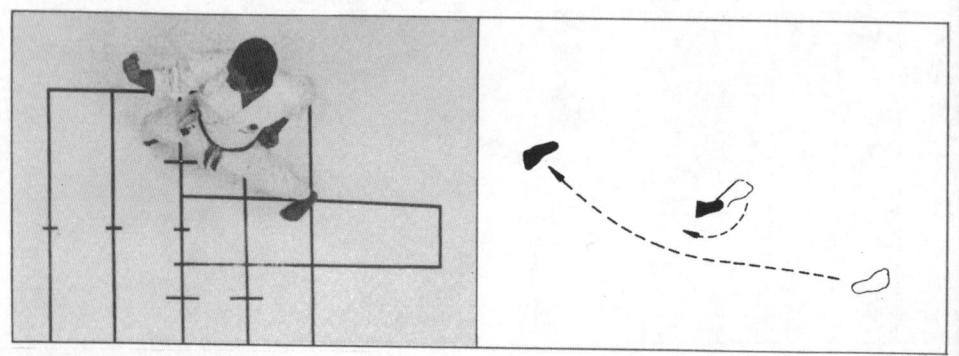

40. *Migi zenkutsu-dachi*

41 *Hidari chūdan oi-zuki*

Soco em estocada no nível médio com o punho esquerdo

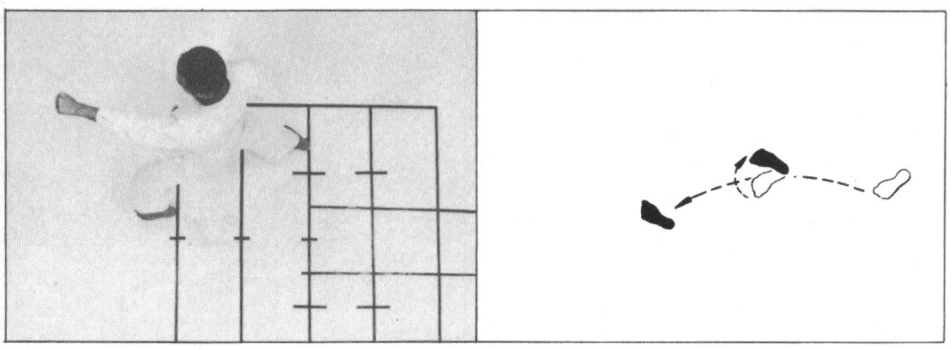

41. Hidari zenkutsu-dachi

Bloqueio para baixo à esquerda A perna direita é pivô; quadris para a esquerda.

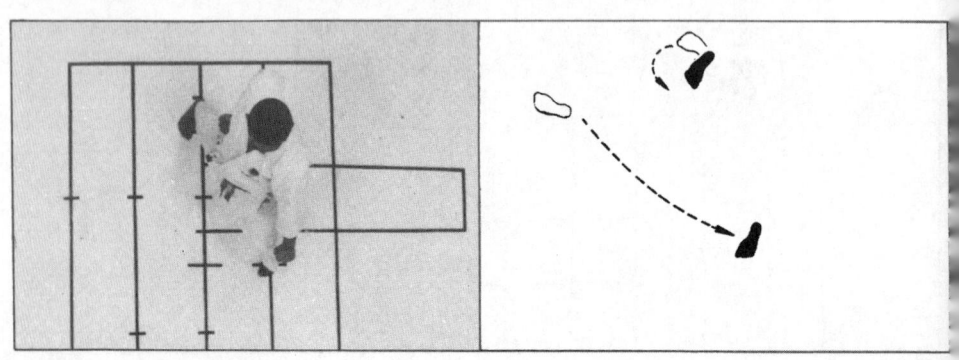

42. Hidari zenkutsu-dachi

Migi ken migi sokumen chūdan uchi-otoshi
Hidari ken hidari koshi

Golpe descendente no nível médio para a direita com o punho direito/Punho esquerdo no lado esquerdo A perna esquerda é pivô; quadris para a esquerda. Chute triturador forte com a perna direita. Levante o punho e o joelho direitos juntos.

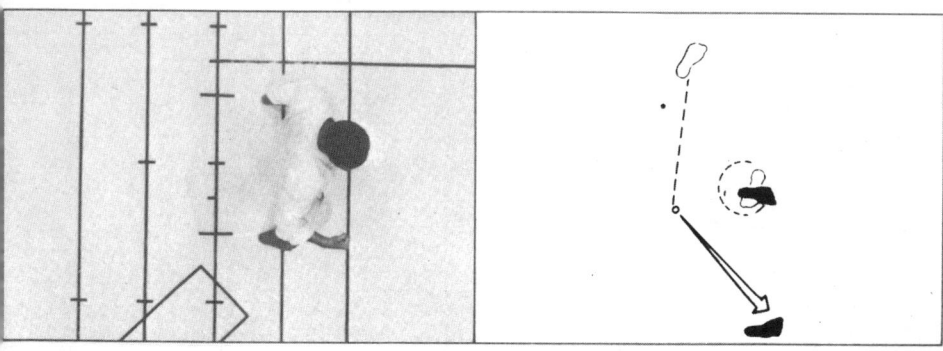

43. Kiba-dachi

Golpe descendente no nível médio para a esquerda com o punho esquerdo
Chute triturador com o pé esquerdo.

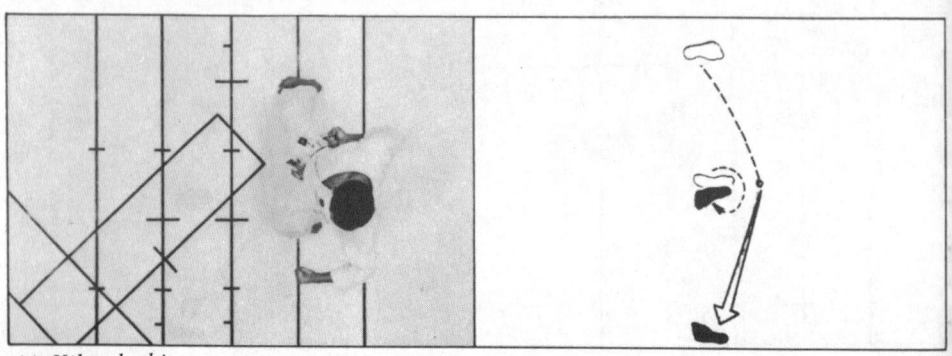

44. Kiba-dachi

Golpe descendente no nível médio para a direita com o punho direito
Chute triturador com o pé direito.

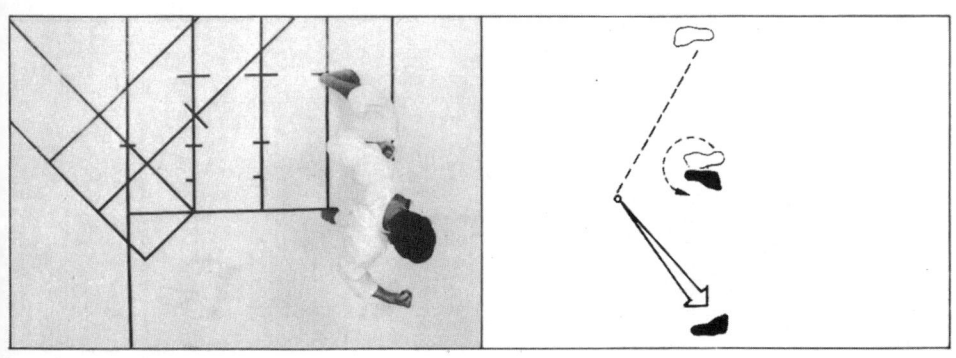

45. Kiba-dachi

Punho direito na frente do mamilo direito/Golpe no nível médio para a esquerda com o punho esquerdo Vire a cabeça para a esquerda.

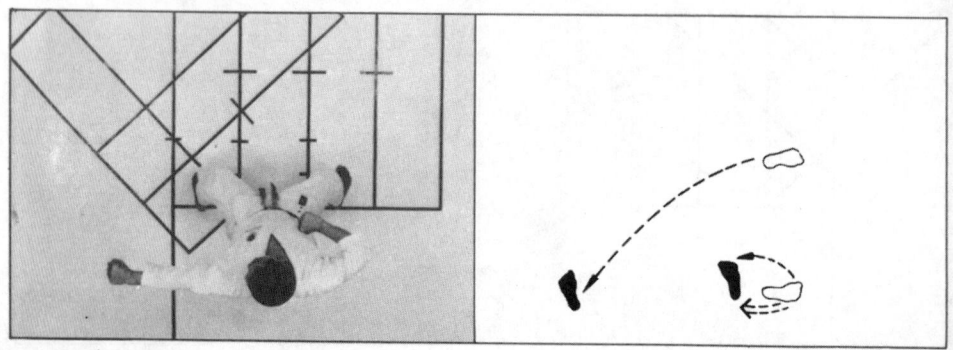

46. Kiba-dachi

47 *Hidari ken hidari chichi mae*
Migi ken migi sokumen chūdan-zuki

Punho esquerdo na frente do mamilo esquerdo/Golpe no nível médio para a direita com o punho direito Yori-ashi para a direita. Vire a cabeça para a direita.

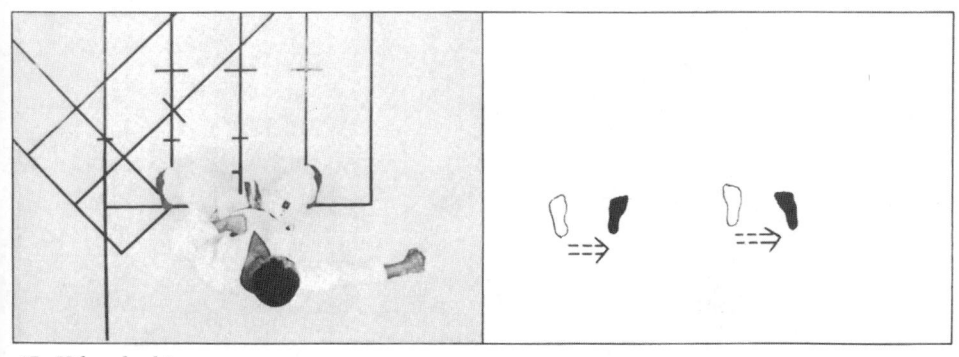

47. *Kiba-dachi*

Naore

Recue a perna direita para retornar à postura de *yōi*.

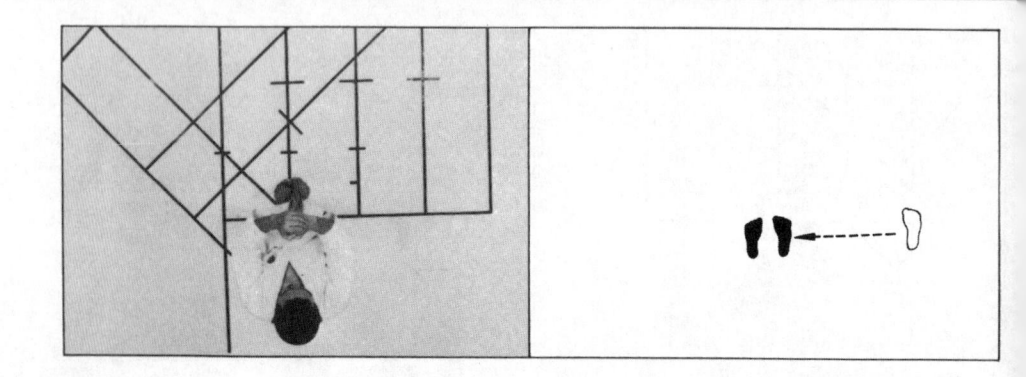

JION: PONTOS IMPORTANTES

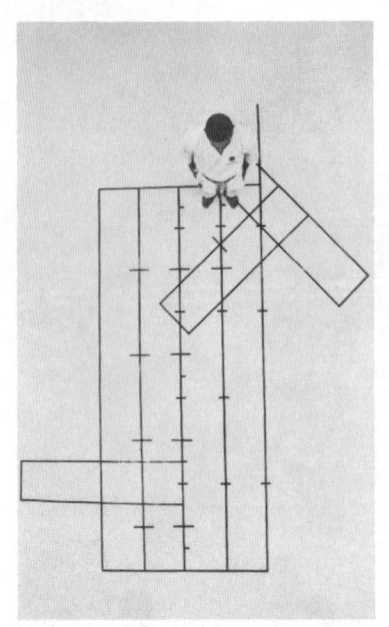

Encontramos o nome Jion em muitos documentos chineses antigos, e é possível que alguma forma de boxe chinês tenha sido transmitida por pessoas ligadas a um templo chamado Jion.

Esse kata contém em si a harmonia perfeita do Buda, e seus movimentos calmos ocultam um espírito forte.

É apropriado para levar ao domínio dos movimentos giratórios e da mudança de direção, e não inclui nenhuma técnica particularmente difícil. Adotando várias posições encontradas em Heian e Tekki, é valiosíssimo para dominar tempos rápidos e lentos e aprender os fundamentos dos movimentos simultâneos de braços e pernas, executados durante a mudança de direção.

Quarenta e sete movimentos. Aproximadamente um minuto.

1   2

1. Movimento 1: Não mude a posição dos cotovelos para fazer os bloqueios do nível superior e para baixo. Eles devem ser mantidos na frente do corpo, a uma distância equivalente a de um punho. Nesse movimento aplica-se um ponto aprendido em Heian 3.

2. Movimentos 2-4: Para o Movimento 2, contraia as laterais do corpo e vire os antebraços. Depois do bloqueio em cunha invertido, desfira um chute explosivo para a frente levantando o joelho esquerdo até tocar o mamilo esquerdo. Ao baixar a perna de chute, projete os quadris para a frente, e quando o pé tocar o chão conclua com um golpe. Não incline a parte superior do corpo para a frente.

3. Movimentos 18-19: Leve o bloqueio do nível superior direito e o bloqueio para baixo esquerdo ao *kime* simultaneamente.

4. Movimentos 23-24: Flexione o pulso ao máximo, projete a base da palma subitamente. Ponha força no pulso, mas não dobre os dedos. Para contrair as laterais do corpo, flexione o cotovelo sem afastá-lo do corpo. Contra um golpe ou um ataque com bastão, o meio de defesa eficaz consiste em atingir o alvo com a maior precisão possível.

5. Movimentos 23-25: Esses movimentos não são simplesmente técnicas de bloqueio. Usando a base da palma direita (de bloqueio) para agarrar o bastão, avance o pé esquerdo um passo enquanto puxa o bastão para si. Invada profundamente o campo do adversário com a base da palma esquerda e agarre o bastão. Vire os braços para desequilibrar o oponente. É muito importante usar toda a força dos quadris.

6. Movimento 25: Em vez de pegar o bastão, às vezes convém contra-atacar com um golpe forte no cotovelo do adversário.

7. Movimentos 32-33: Depois do bloqueio em X do nível inferior, agarre a perna de chute com a mão direita e, como num bloqueio em cunha invertido, puxe o oponente com força, numa diagonal para trás. Não altere a posição dos quadris assumida no momento do bloqueio.

8. Movimento 34: O ponto importante no bloqueio em X do nível superior é executá-lo sentindo que as duas mãos desferem um golpe ascendente para cima. Contraia as laterais do corpo.

9

10

11

9. Movimento 35: Logo depois do bloqueio em X para a frente, desfira um soco no nível superior com o dorso do punho direito, ou termine com um soco de perto, logo abaixo do nariz do oponente.

10. Movimentos 36-37: Quando o oponente avança para atacar o nível médio com o punho direito, bloqueie na frente da cabeça com o braço esquerdo e logo depois bloqueie com um soco no nível médio. Contra um ataque de mão esquerda contra a face, bloqueie no nível superior com o braço usado para o golpe com o dorso do punho. Faça esse movimento passando o lado superior do antebraço perto da orelha direita. Desfira um soco de perto no nível superior para um golpe de conclusão, projetando ao mesmo tempo o punho direito. No bloqueio faça um movimento de varredura no nível superior com o lado superior do antebraço; o punho deve estar voltado para fora.

11. Movimento 43: Gire o punho num movimento amplo desde o alto da cabeça para desferir um golpe descendente no nível médio. Tenha a sensação de golpear para baixo o forte antebraço do oponente, no momento em que ele golpeia no nível médio.

12

12. Movimentos 46-47: Enquanto vira a cabeça, agarre o braço ativo do oponente, abrindo a mão e puxando-o na direção do ombro direito. Ao mesmo tempo, contra-ataque, atingindo a lateral do corpo do oponente com o punho esquerdo. Ou, em contato, termine com um golpe de punho em martelo no plexo solar.

Com a palma voltada para fora, execute o bloqueio agarrando e fazendo a mão direita passar logo acima do ombro esquerdo. Deve-se recuar a mão direita e estender o punho esquerdo ao mesmo tempo.

3

EXECUÇÃO DE KATA

SEGREDOS PARA MELHORAR A EXECUÇÃO DOS KATA

No treino de kata, além da prática regular e persistente de todos os dias, o mais importante é não só conhecer profundamente todas as técnicas praticadas individualmente no kata mas também compreender sempre a relação entre elas.

Apresento a seguir os pontos mais importantes das técnicas básicas, todos eles acompanhados de fotos.

Termine os movimentos de braços e pernas simultaneamente

É importante coordenar os movimentos de braços e pernas com a respiração.

Um movimento muito rápido dos pés ou uma técnica lenta levarão à derrota.

Se o cotovelo estiver muito afastado do corpo, não será possível concentrar a força.

Posição correta do cotovelo.

Qualquer que seja o bloqueio, não mude a posição do cotovelo

Ao bloquear, contraia as laterais do corpo ao máximo; mantenha o cotovelo no lugar. Não se incline para a esquerda nem para a direita.

Se a posição do cotovelo não for correta, não há condições de realizar o bloqueio.

Abra a mão depois de bloquear

Agarre o pulso do oponente e puxe-o para desequilibrá-lo.

A técnica de abrir a mão tem por objetivo agarrar o pulso do oponente depois de bloquear e perturbar seu equilíbrio puxando-lhe o braço.

Incorreto.

Bloqueio pulso com pulso

Se esta técnica não for bem aplicada, muitos pontos especiais de bloqueio não poderão ser realizados.

Ao ser agarrado pelo pulso, "envolva" o punho que ataca com o punho que bloqueia e pressione para baixo.

Mantenha as bases das palmas unidas ao virar o pulso

Depois do bloqueio em X (como no Heian 5) e do bloqueio lateral com ambas as mãos (como no Gankaku), vire o pulso, mas somente o pulso. Se a força se dispersar, será impossível vencer o oponente.

Durante a execução de uma técnica, mude de direção

Para desferir um chute triturador forte, não altere a altura dos quadris. Levante bem o joelho.

Levante bem o joelho para desferir um chute triturador

O ponto importante é levantar bem o joelho e baixar o pé com força enquanto gira os quadris. Nesse sentido, deve-se observar que, se o praticante não aprender realmente bem o Heian 3, os bloqueios no Jitte, assim como os bloqueios aos ataques de bastão, não serão executados com perfeição.

Teste a solidez dos bloqueios praticando contra um bastão

Isso significa dominar as técnicas básicas do Jitte e exercitar: posições fortes e firmes, giro dos quadris, contração das laterais do corpo, flexibilidade do cotovelo e assim por diante.

Com as laterais do corpo não contraídas, o praticante não obterá força em seus golpes.

Apóie o peso do corpo sobre uma perna.

A postura de pernas cruzadas deve ser firme

Isso significa fortalecer as posturas em Heian 4, Kankū, Bassai e outros kata. Uma linha de prumo imaginária descendo das nádegas não deve ficar atrás do calcanhar da perna de apoio. Se as costas estiverem curvadas, a postura não será eficaz.

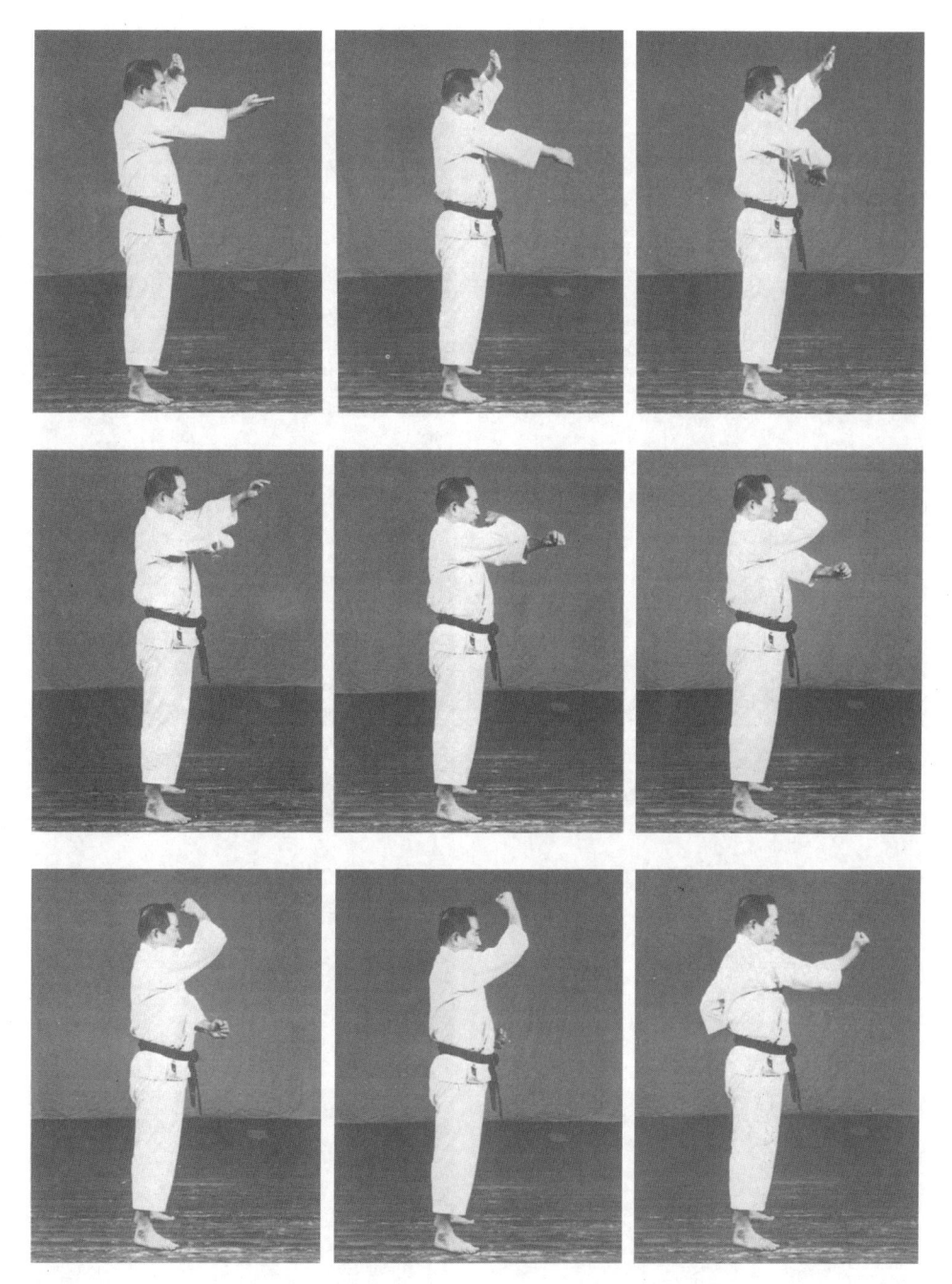

Conheça o curso correto ao bloquear

Chute de estocada: mantenha o joelho perfei-
tamente reto.

Para o chute explosivo lateral, dê um salto
circular curto.

Pratique o chute explosivo lateral e o chute de estocada seguindo o método correto

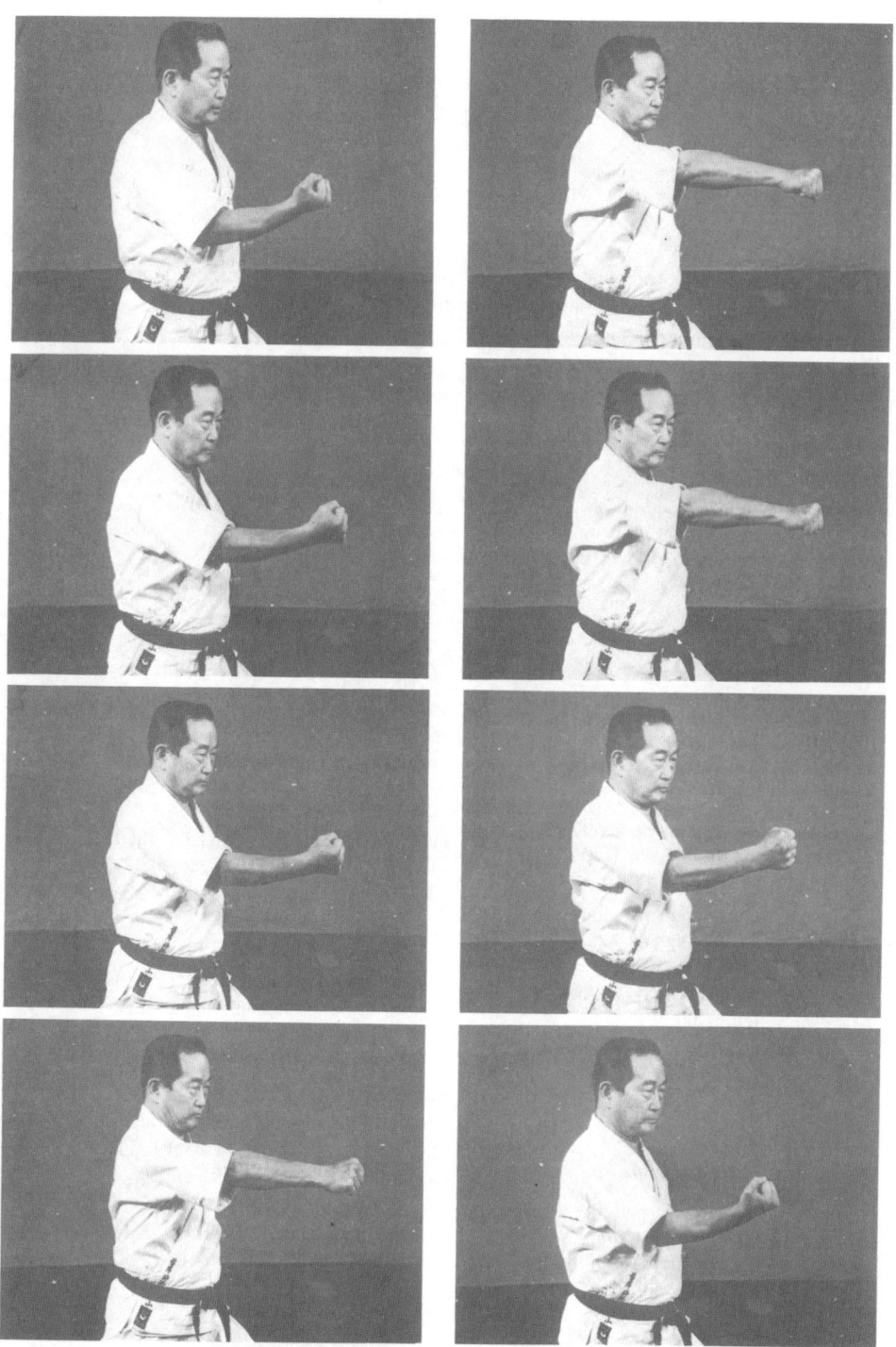

Golpeie de forma correta

Ao golpear e ao recuar o punho, o cotovelo deve seguir o mesmo curso. Contraia os músculos ao golpear, relaxe-os depois de aplicar o golpe. Golpear não é como arremessar um bastão. É muito importante usar a força do cotovelo.

GLOSSÁRIO

Os numerais romanos se referem a outros volumes desta série: I, Visão Abrangente; II, Fundamentos; III, Kumite 1; IV, Kumite 2; V, Heian, Tekki; VI, Bassai, Kankū; VII, Jitte, Hangetsu, Empi.

age-uke: bloqueio ascendente, 69; I, 70; II, 90, 118; V, 20, 28, 44

chichi: mamilo, peito

chūdan: nível médio

chūdan choku-zuki: soco direto no nível médio, 51, 78; I, 66; II, 102; IV, 64; V, 28, 126; VI, 29, 77; VII, 54, 117

chūdan mae keage: chute explosivo para a frente no nível médio, 77, 122

chūdan osae-uke: bloqueio do nível médio pressionando, 125; I, 62, 65; V, 37, 53, 82, 90; VI, 86; VII, 19, 21

chūdan uchi: golpe no nível médio, 55; V, 94

chūdan uchi uke: bloqueio do nível médio, de dentro para fora, 75, 125; I, 59; II, 22; V, 40; VI, 19, 76; VII, 53

chūdan yoko uke: bloqueio lateral do nível médio, 95

chūdan-zuki: soco no nível médio, 21, 69, 118, 125; V, 32; VI, 43, 86; VII, 79, 85, 86, 121, 122

dan: 14

embusen: linha de atuação, 14; I, 94, V, 106; VI, 66, 140

fudō-dachi: postura imóvel, 61; I, 35

fumikomi: chute triturador, 69, 78, 115, 138; I, 87; II, 60, 68; III, 37; V, 61; VI, 130

gedan barai: bloqueio para baixo, 23, 94; I, 56; II, 106; V, 17; VI, 50, 114; VII, 62, 99

gedan-gamae: postura de nível inferior, 48; IV, 24; VII, 134

gedan jūji uke: bloqueio em X para baixo, 103, 124

gedan kōsa-uke: bloqueio cruzado do nível inferior, 28

gedan uke: bloqueio para baixo, 31, 75, 122, 123; V, 50; VI, 45, 67, 89, 140, 142; VII, 39, 40

gyaku-zuki: soco invertido, 22, 79; I, 68; II, 124; IV, 110; V, 40, 48, 70, 79, 90

haiwan nagashi-uke: bloqueio girando o dorso do braço, 125; I, 62

heisoku-dachi: postura informal de atenção, 74, 99; I, 29; V, 60; VI, 18; VII, 18

hidari: esquerdo

hidari ashi-dachi: postura da perna esquerda, 52; V, 35; VI, 38, 81; VII, 37, 76, 114

hidari kōkutsu-dachi: postura recuada esquerda, 31, 92; I, 31; II, 52; III, 44; V, 26; VI, 33, 75; VII, 40, 81, 120 *hidari zenkutsu-dachi*: postura avançada esquerda, 25, 76; I, 30; II, 18, 52, 140; V, 16, 40, 58, 65, 81; VI, 20, 98; VII, 20, 103

hiji: cotovelo

hiji suri-uke: bloqueio deslizando o cotovelo, 69; II, 120

hiji-uchi: golpe com o cotovelo, 45; I, 77; III, 88, 108; IV, 126, 128

hōkō tenkan: mudança de direção, 122, 137; II, 72; III, 104; IV, 104

hiza: joelho

ikken hissatsu: matar com um golpe, 11

jinchū: ponto logo abaixo do nariz, 125; I, 138

jōdan: nível superior

jōdan age-uke: bloqueio ascendente do nível superior, 84; I, 57; II, 106; VII, 41, 80

jōdan jūji uke: bloqueio em X do nível superior, 106, 124, 125; I, 64; V, 64, 74, 80, 90; VII, 26

jōdan kōsa-uke: bloqueio cruzado do nível superior, 25; VI, 133, 143

jōdan shutō uke: bloqueio do nível superior com a mão em espada, 71

jōdan uchi: golpe no nível superior, 107

jōdan uchi uke: bloqueio do nível superior, de dentro para fora, 37, 89, 122, 123; VI, 45, 89; VII, 39, 40

jōdan ura-zuki: soco de perto no nível superior, 109

jōdan yoko uke: bloqueio lateral do nível superior, 60

jūji kamae: kamae em X, 26

jūji uke: bloqueio em X, 136; I, 64; V, 64, 74, 80, 90

kagi-zuki: soco em gancho, 91; I, 71; II, 90; V, 97, 106, 115, 136

kakiwake oroshi: arremetida para baixo, 36, 102; VII, 32

kakiwake uke: bloqueio em cunha invertido, 33, 70, 76, 104, 122, 124; I, 64; V, 68, 74, 76

kamae: postura, 13, 49, 74; III, 16; IV, 42; V, 32; VI, 13, 27, 67, 74; VII, 18, 33, 61, 99, 100

kasumi: têmpora, 71; I, 138

kata: ombro

kekomi: chute de estocada, 71, 142; I, 86; II, 82, 135; III, 54; VI, 38

ken: punho

kentsui uchi: golpe com o punho em martelo, 126; I, 74, 75

kiai: 15

kiba-dachi: postura do cavaleiro, 23, 91; I, 32; II, 52; V, 54; VI, 46, 124; VII, 22, 102

kime: 11, 69, 123, 126, 128; I, 50; III, 17; IV, 120; V, 61; VII, 62

kōsa-dachi: postura de pés cruzados, 103, 140; II, 52; V, 68; VI, 140

koshi: quadril

koshi no kaiten: giro dos quadris, 138; II, 16; V, 61, 75

kumite: 10, 14; I, 111

kuzushi: esmagar (o inimigo), 132; III, 57; IV, 21, 28

kyū: 14

maai: distanciamento, 142; II, 95; III, 16, 19, 30, 44, 76; IV, 20, 24, 57, 72, 114

mae: na frente de

migi: direita

migi ashi-dachi: postura da perna direita, 48; V, 66; VI, 19, 97; VII, 35, 77, 105

migi kōkutsu-dachi: postura recuada direita, 19, 89; I, 31; II, 52; III, 44; V, 26; VI, 34, 74; VII, 39, 75, 121

migi zenkutsu-dachi: postura avançada direita, 33, 75; I, 30; II, 18, 52; V, 17; VI, 22, 86; VII, 19, 130

miru: olhar

morote jōdan uchi uke: bloqueio do nível superior, de dentro para fora, com ambas as mãos, 69, 99

mune: peito

musubi-dachi: postura informal de atenção, 13; I, 29

naore: retorno a *yoi*

nidan-geri: chute em dois níveis, 27; I, 90; VI, 136

nigiru: prender, unir

osae-uke: bloqueio pressionando, 20; V, 129; VI, 86

oshi-ateru: golpe

ryo: ambos

ryo koshi: ambos os lados

ryo sho sokumen uke: bloqueio lateral com ambas as mãos, 136

ryo soku: ambos os lados

saho: direção (lado) esquerda

shizen-tai: posição natural, 18; I, 28; V, 16; VI, 18, 70, 133; VII, 45, 90, 98

sho: mão, palma

shuto: mão em espada

sokumen: lado

sokumen awase-uke: bloqueio combinado de lado, 19, 68; I, 64

sokuto: pé em espada

suigetsu: plexo solar

sun-dome: deter uma técnica, 11

tachikata: postura, 138; I, 28; II, 36; IV, 18

tanden: centro de gravidade, 13

tate empi uchi: golpe para cima com o cotovelo, 61, 71; I, 80; V, 131; III, 88

teisho: base da palma

tsukami-uke: bloqueio agarrando, 126; V, 115; VI, 37, 66; VII, 64

tsuki-age: soco ascendente, 69, 124

tsuki-uke: bloqueio-soco no nível médio, 108, 125

uchi-otoshi: golpe descendente, 115, 125

ude: braço

uke kamae: kamae de bloqueio, 48

uraken: dorso do punho

uraken-uchi: golpe com o dorso do punho, 125; I, 70; IV, 46; V, 98, 108, 117, 126

ura-zuki: soco de perto, 125; I, 70; IV, 46; V, 98; VI, 53, 112, 141

yoi: prontidão, 18, 67, 74; II, 70; III, 104; V, 60; VI, 43, 126; VII, 18, 45, 52, 90, 98, 139

yoko keage: chute explosivo lateral, 50, 68, 71, 142; I, 87; II, 135; V, 35; VI, 82, 140, 141

yoko mawashi-uchi: golpe horizontal, 50; I, 75; II, 129; V, 35; VI, 82, 140, 141

yori-ashi: deslizamento dos pés, 91, 93, 119; II, 70; III, 104; V, 60; VI, 43, 126; VII, 22, 71, 143

zanshin: estado relaxado de alerta, 14; III, 30

KARATÊ-DŌ

O MEU MODO DE VIDA

Gichin Funakoshi

Muito já se publicou no Japão sobre o eminente mestre de karatê, Gichin Funakoshi, mas esta é a primeira tradução de sua autobiografia para o português. Escrita pouco antes de sua morte, aos noventa anos, a obra descreve em detalhes sucintos a vida do mestre — sua infância e juventude em Okinawa, sua luta para aperfeiçoar e popularizar a arte do karatê, suas orientações para se alcançar a longevidade — e revela sua personalidade única e seu modo de ver a si mesmo, ao seu mundo e à sua arte.

Através da leitura deste livro, o praticante de karatê-dō chegará a uma compreensão maior do modo de viver e de pensar do mestre e, como consequência, da arte da autodefesa que ele tanto aperfeiçoou.

Karatê-Dō — O Meu Modo de Vida é um livro altamente recomendado não só para os que praticam essa arte marcial, mas também para todos os que se interessam pela cultura e pelo pensamento do Oriente refletidos na ética e na arte da autodefesa.

EDITORA CULTRIX

Tokyo, 1977

O MELHOR DO KARATÊ - 3
Kumite 1

M. Nakayama

No kumite (luta), as técnicas básicas são aguçadas, e o movimento do corpo e o distanciamento se adquirem por meio da prática. Este volume explica os tipos e o significado do kumite e a relação entre o kumite *jiyu* e o treinamento básico nos fundamentos.

As demonstrações são feitas por instrutores da Associação Japonesa de Karatê.

* * *

Masatoshi Nakayama continua divulgando a tradição do seu mestre, Gichin Funakoshi, considerado o pai do karatê moderno.

Professor e diretor de educação física na Universidade Takushoku, Nakayama foi instrutor-chefe da Associação Japonesa de Karatê de 1955 até 1987, ano em que faleceu. Faixa preta de nono grau e figura conhecida nas competições, foi dos primeiros a enviar instrutores para fora do Japão e a incentivar o desenvolvimento do karatê como esporte, proporcionando-lhe uma base científica.

"Esta série ensina todos os aspectos da arte do karatê."
Library Journal

EDITORA CULTRIX

Tokyo, 1976

O MELHOR DO KARATÊ - 4
Kumite 2

M. Nakayama

Este livro complementa o volume 3 desta série e, como o anterior traz ensinamentos de mestres das artes marciais para orientar o estudante no caminho da consciência espiritual e da maturidade mental. *O Melhor do Karatê 4* trata exclusivamente do kumite e da relação deste com o treinamento como um todo.

* * *

Masatoshi Nakayama continua divulgando a tradição do seu mestre, Gichin Funakoshi, considerado o pai do karatê moderno.

Professor e diretor de educação física na Universidade Takushoku, Nakayama foi instrutor-chefe da Associação Japonesa de Karatê de 1955 até 1987 ano em que faleceu. Faixa preta de nono grau e figura conhecida nas competições, foi dos primeiros a enviar instrutores para fora do Japão e a incentivar o desenvolvimento do karatê como esporte, proporcionando-lhe uma base científica.

"Esta obra é de grande utilidade principalmente para estudantes adiantados."
Choice

EDITORA CULTRIX

Japan, 1977

O MELHOR DO KARATÊ - 5
Heian, Tekki

M. Nakayama

Kata, os exercícios formais do treinamento do karatê, constituem a essência da prática em Okinawa e na China e são o centro do método do treinamento atual.

Detalhados aqui numa seqüência de 1500 fotografias, estão os cinco Heian e os três Tekki kata, cujo domínio é necessário para obter o primeiro dan.

Os exercícios são demonstrados pelo autor, Masatoshi Nakayama, e por Yoshiharu Osaka.

O treinamento intensivo, mental e físico, é o pré-requisito para se adquirir a capacidade de controlar os próprios movimentos, e essa, por sua vez, é a marca do competidor capaz. Exatamente como em outros esportes e artes marciais, o domínio dessas técnicas básicas só é conseguido mediante um treinamento constante e uma dedicação exemplar.

* * *

Masatoshi Nakayama continua divulgando a tradição do seu mestre, Gichin Funakoshi, considerado o pai do karatê moderno.

Professor e diretor de educação física na Universidade Takushoku, Nakayama foi instrutor-chefe da Associação Japonesa de Karatê de 1955 até 1987, ano em que faleceu. Faixa preta de nono grau e figura conhecida nas competições, foi dos primeiros a enviar instrutores para fora do Japão e a encorajar o desenvolvimento do karatê como esporte, dando-lhe uma base científica.

EDITORA CULTRIX

Guyana, 1978

O MELHOR DO KARATÊ   6
Bassai, Kanku

M Nakayama

Este volume contém descrições detalhadas e ilustrações dos kata Bassaı e Kanku, do recomendado grupo JFA. Com ele, o estudante aprende técnıcas rápıdas e lentas, a dınâmıca da força, como transformar a fraqueza em vıgor, mudança de dıreção, salto e busca de abrıgo.

* * *

Masatoshi Nakayama contınua dıvulgando a tradıção do seu mestre, Gıchın Funakoshi, consıderado o paı do karatê moderno.

Professor e dıretor de educação físıca na Unıversıdade Takushoku, Nakayama foı ınstrutor-chefe da Associação Japonesa de Karatê de 1955 até 1987 ano em que faleceu. Faıxa preta de nono grau e figura conhecida nas competıções, foı dos prımeıros a envıar ınstrutores para fora do Japão e a ıncentıvar o desenvolvımento do karatê como esporte, proporcıonando-lhe uma base cıentífica.

"*O Melhor do Karatê* reúne tudo numa sérıe concısa."
The Japan Times

EDITORA CULTRIX

Mobile, Alabama, 1978

O MELHOR DO KARATÊ 7
Jitte, Hangetsu, Empi

M. Nakayama

Os três kata apresentados neste volume estão na lista recomendada pela Japan Karate Association e se distinguem pelo uso dos braços como bastões Jitte; pelos movimentos circulares das mãos e dos pés, coordenados com a respiração Hangetsu, e pelos movimentos ágeis e de fácil execução, combinados em técnicas contínuas Empi.

* * *

Através de seus livros, **Masatoshi Nakayama** continua divulgando a tradição do seu mestre, Gichin Funakoshi, considerado o pai do karatê moderno.

Professor e diretor de educação física na Universidade Takushoku, Nakayama foi instrutor-chefe da Associação Japonesa de Karatê de 1955 até 1987 ano em que faleceu. Faixa preta de nono grau e figura conhecida nas competições, foi dos primeiros a enviar instrutores para fora do Japão e a incentivar o desenvolvimento do karatê como esporte, proporcionando-lhe uma base científica.

"Um texto de fácil compreensão, ilustrado com fotos que mostram claramente a seqüência dos movimentos."
Library Journal

EDITORA CULTRIX